职场升级指南
七大职场能力满级攻略

武装自己
升职加薪

修炼七大
"底盘"能力

15
场景案例

18
工具

31
行动卡片

27
口袋卡片

10
职场能力测评

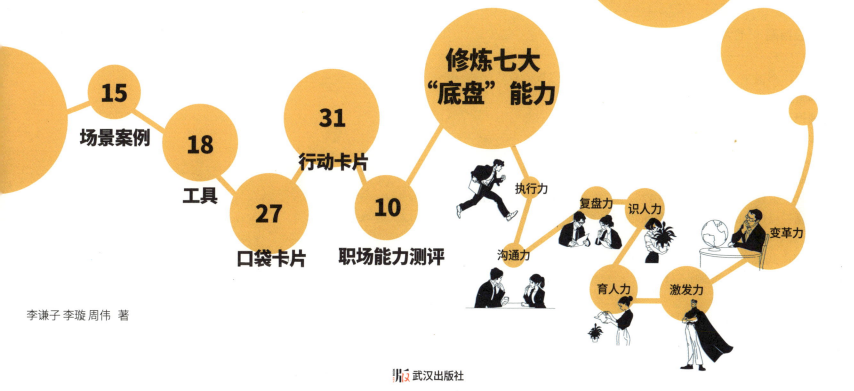

执行力

复盘力　识人力

沟通力

育人力　激发力

变革力

李谦子 李璇 周伟 著

版 武汉出版社

（鄂）新登字 08 号

图书在版编目（CIP）数据

　　职场升级指南：七大职场能力满级攻略 / 李谦子，李璇，周伟著．—
武汉 ：武汉出版社，2024.1
　　ISBN 978-7-5582-6509-9

　　Ⅰ．①职… Ⅱ．①李… ②李… ③周… Ⅲ．①职业选择－指南 Ⅳ.
①C913.2-62

　　中国国家版本馆 CIP 数据核字（2024）第 038840 号

职场升级指南： 七大职场能力满级攻略

著　　者：李谦子　李　璇　周　伟
策划编辑：王雨轩
责任编辑：管一凡
助理编辑：王　玥
封面设计：周　伟
出　　版：武汉出版社
社　　址：武汉市江岸区兴业路 136 号　　　　邮　　编：430014
电　　话：（027）85606403　85600625
http://www.whcbs.com　　　E-mail:zbs@whcbs.com
印　　刷：武汉市卓源印务有限公司　　　　经　　销：新华书店
开　　本：787mm×1092mm　　1/16
印　　张：17.25　　　　　　　　　　　　字　　数：326 千字
版　　次：2024 年 1 月第 1 版　　　　2024 年 1 月第 1 次印刷
定　　价：98.00 元

作者简介

李谦子

超级团队创始人、北大纵横合伙人

擅长团队提效与组织变革

咨询企业百余家

辅导职业经理人过千人

李璇

北京工商大学 MBA

擅长团队激励与高管激励

上市公司资本运作

合伙人与股权激励方案设计

周伟

设计师

本书创意作者

职场升级指南

七大职场能力满级攻略

LEVEL UP ！

+1 +1 +1 ……

前 言

亲爱的职场人：

见字如面！

也许你会疑问，这是一本为谁而写的书？

这本书里藏着什么？

它能为你带来什么？

请允许我来解答……

首先，这是一本专为职场人写的书，尤其是面临过以下困境或挑战的职场人：

· 日日忙又日日不知忙啥，被充满琐事的泥潭拖住，无暇顾及其他！

· 经常被"情绪开关"牵着走，做非理性决策！

· 拼死拼活努力工作，战友却躺平佛系；小心翼翼做人做事，却仍被指责！

· 在现有岗位蹉跎多年升职无门，加薪无望！

· 好不容易进了管理层，上级不重视，下属不听话！

· 终于有了听话的下属，却发现能力不够，无人可用！

· 一腔热血，不甘成为咸鱼，却带不动全场！

如果你面临以上一种或几种情况，且因此而焦虑、沮丧，我想对你说，这是大部分的"我们共同的烦恼"。这些烦恼"不失一般性"，也不是"无解题"。

面对这些烦恼，**不要"躺"**，也无须"卷"，用职场的"底盘"能力来武装自己，升级打怪，你终会游刃有余，无惧未来，脱颖而出。

而我想做的只是在你职场升级的过程中助一臂之力。

我是谁?

我是"超级团队"管理咨询工作室创始人谦子，从事咨询行业 15 年，服务企业百余家，深度接触优质职场人超千人。

得益于工作，我像 X 光机一样，每天接触着不同的企业和职场人。通过深入观察和海量沟通，我们总结出了一整套行之有效的职场能力提升方法。这些方法不但可以有效帮你解决常见职场问题，还有助于建立"更高维的职场思维模式"，帮助你武装自己，让企业感受到你的价值，让你的职场晋升之路不折腾，更从容，更长远。

你可以把这本书当作:

· 如果你是一名职场人，这本书是自我成长与蜕变的指南针！

· 如果你是一名管理者，这本书是你带团队的管理手册！

· 如果你是一名企业家，这本书是企业推进职业化内训营的教学大纲！

本书会向你详尽展开如何展示以下七种职场"底盘"能力：

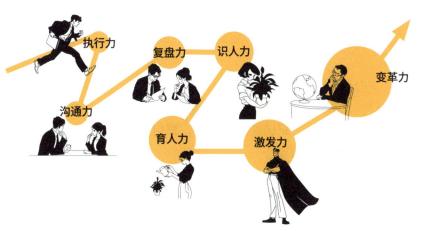

执行力　复盘力　识人力　变革力　沟通力　育人力　激发力

首先，这七大"底盘"能力是一个整体，它们不是彼此独立的，而是相互依存的。

其次，这七大能力从做好自己（执行力、沟通力、复盘力）到影响他人（识人力、育人力、激发力、变革力），从易到难，清晰地勾勒出职场人的成长路径图。

第三，这七大能力来自实践，应用于实践。

本书内容集成于"超级团队"服务企业时遇到的真实案例。多年来，"超级团队"与职场人共知共创，探寻解法，教学相长。本书的七个职场能力，就是我们找到的大部分管理问题解决方案的最大公约数。当然，在此过程中，我们深知知易行难，知行合一更难，为此，本书精心设计了能力测评卡、口袋卡片、行动卡片，帮助你从"看到"到"知道"，从"知道"到"用到"，最终真的能"收获到"。

职场能力测评卡

通过"小数据"，更好地帮助你认识自己，认清自己的优势和不足。本书包含 10 个职场能力测评，构成了我们为你准备的这一套职场能力的"科技树显示系统"。

关注我们，获取本页PDF；扫描小程序，试试更系统的测评

超级团队

职场测评

需求判断+目标共识测评

请根据下列描述为自己评分，其中1~5分分别代表"完全不符合""比较不符合""一般""比较符合""完全符合"。

	1	2	3	4	5
当领导描述的需求不够具体时，我会找例子和他明确方向、框架等。					
当我对任务的目的、意义不明白时，我会先问清楚。					
我在行动之前会想清楚策略、方法，并列出计划。					
对于任务的预期结果，我会通过假设场景描述进行验证。					
如果一个目标是模糊的，我会先把它具体化。					
我知道如何制定一个可评估、可实现的具体目标。					

得分
/30

自测解读

测评分数如果小于13分，则需要注意自己制定计划的能力。

口袋卡片

本书含 27 个口袋卡片，这些卡片内容是帮助你从方法论到实操的锦囊妙计。当你想在某个能力上进行实际操作，请把这些卡片带在身边，它们会告诉你每一步应如何操作。是的，它们就是你的通关秘籍。为了使用方便，我们特别将口袋卡片设计成电子版的形式，你可扫描下一页的微信二维码并关注，按提示进行下载。

职场能力行动卡片

"知道了很多道理，却仍然过不好这一生？"从方法论到结果之间，我们设计了 31 个行动卡片。你在学习了"内功心法"后，按行动卡片记载的"招式"来修炼，可以达到知行合一。

针对每种能力，我们都为你特别设计了升级该能力的行动卡片，请务必按照行动卡片的指引去完成任务，这将有助于你快速获得"职场能力分值"，早日加满这种能力。

访谈需求四步法

1. 聊方向　目的、意义、重要性、对结果的期待

2. 聊策略　达到目标的策略、解决问题的关键点

3. 聊计划　行动计划、时间、方式

4. 聊资源　所需资源和支持

需求挖掘

重新审视最近收到的三项工作任务

与任务下达者深度沟通该任务的目的和意义

思考完成任务的策略

对需要的资源列出清单

告别拖延

现在，从最不想完成的小目标开始行动，尝试走出最简单的一步。

有了小进步，奖励一下自己。

例如：目标是做一个复杂的方案，可以在完成收集相关资料后就给自己加个油，点个赞。

职场能力成长地图

在每个章节的最后，本书为你画出了职场能力成长小地图，方便你读完相应章节后自查已经走过了哪些"路段"。欢迎点亮每个路段，因为我们相信，当大部分路段都被你点亮，你的职场成长之路也将会变成明亮的坦途。

当然，在本书助你提升职场能力的同时，"超级团队"常年在线下服务企业，帮助企业定制设计企业内训营计划并助推落地，实现团队在能力上的快速提升。

就在此时，越来越多的职场人正通过超级团队职场内训营精进自身，强大团队。如您想了解如何为团队定制职场能力提升方案，欢迎您添加谦子老师微信号进行交流。

扫码关注谦子老师

职场测评

📍 职场能力成长地图

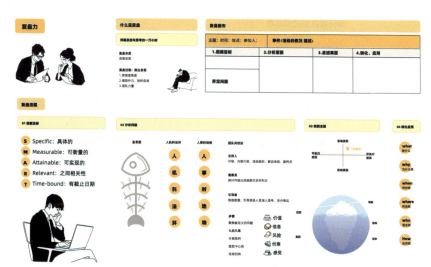

🗺 职场能力成长地图全景

1

执行力 —— 提升效率，产出价值

如何找到"甲方"真实需求

如何让团队达成目标共识

如何做好计划管理

如何跟踪计划

如何做好日程管理

如何管理非理性情绪

45

沟通力 —— 效率始于沟通

如何保持积极心态

如何有效倾听

如何高效表达

如何提出合理建议

如何判断自己的沟通段位

81

复盘力 —— 持续反思与总结的力量

如何抓住复盘的本质

如何实践复盘

如何使用复盘画布

如何掌握复盘分析工具

123

识人力 —— 成为伯乐，发现千里马

如何选对人

如何成为金牌面试官

如何找到高潜人才

< 基础能力

高阶能力　>

01 执行力

提升效率，产出价值

执行力

忙、盲、茫

是大部分职场人的日常

你会遇到以下的这些情况吗？

> 每天睁开眼，就有一堆事情等着你，没有喘息的空间。
>
> 手上事情一多就会乱方寸，忙忙碌碌、心力交瘁却没有成绩。
>
> 设置好了 deadline，却不想行动。
>
> 整理了一堆工作，但总是要等到最后一刻才开始动手。
>
> 终于开始工作，没过多久就忍不住打开手机……

职场中的我们
——从躺平到卷······ 从卷到躺平······

职场中的我们，在面对那个"想要成为的更好的自己"时，会陷入从打鸡血到懈怠的无限循环······

我们发誓要改变，然后开始定计划，一项一项地打钩，进入"忙"的状态······

开始时信心满满的我们，慢慢会出现完不成当天任务的情况（可能由于自身原因，也可能由于外部原因），我们开始沮丧，导致大量拖延。这时的我们被无数具体的事情拉进一团乱麻中，进入"盲"的状态······

最终我们做的很多事情以不了了之告终，我们开始怀疑做这些事情的意义。这时的我们进入了"茫"的状态······

忙、盲、茫成了职场新常态，而照进现实；忙、盲、茫的我们，有人升职加薪，有人白忙活、瞎忙活。职场从来就不是简单的战场，而是价值交易的卖场，它从未停止向我们要效率、要结果、要价值。因此，"提升效率、产出价值"成了职场升级打怪的必要修行。

首章内容，我们一起来打开执行力的盒子。

执行力的定义：提升效率，产出价值

进入实际的企业工作场景中，不同的企业性质、发展阶段与文化特征，企业内部对执行力的定义要求不一致。

首先，我们可以通过案例 A 和案例 B 两家不同企业对执行力的定义与要求，来进一步理解什么是执行力。

案例 A：执行力 = 绝对服从，听说照做
某资源型国企单位对执行力的定义及要求：

对上级安排的工作马上执行，并且按时、按要求、有效完成工作目标。其反向操作是讨价还价、打折扣、拖延。

判断标准

青铜：能执行大部分任务，但仅能达到合格线、仅够交差。

白银：能很好地执行上级交办任务，执行到位。

黄金：执行力度非常好，所负责的工作能成为公司内部优秀典型案例。

由此案例可看出，这家企业对执行力的定义为"绝对服从，听说照做"，以此为基调的执行力一定程度上提高了执行效率，但也会降低团队成员自主思考的能力以及解决问题闭环的能力。团队成员能快速拿到结果，但又很难在结果上有新的高度产出。这脱离不开企业的性质与文化风格。

案例 B：执行力 = 理解意图，明确目标，达成目标

某硬件高科民企对执行力的定义及要求：

理解工作的深层次需求，同时可将需求转化为工作目标及工作计划并达成目标的能力。

判断标准

青铜：根据需求如期完成任务，过程中及时沟通、反馈任务进展情况，尽最大努力达成客户、上级、同事的期待。

白银：能够接受有难度、有挑战性的任务，制定策略、创造条件完成任务，不找借口，不推脱，调整个人目标以适应组织战略。

黄金：能够承担困难多、挑战大的任务，面对不确定性，能够抓住关键因素协同团队、协调资源、预测问题、管理风险、承担风险，达成目标。

钻石：识别机遇与风险，将其主动转化为团队新目标和新任务，组织团队高预期完成任务。对完成的任务提出效果分析（成果、效率、质量分析等），针对任务流程和制度提出改进意见。

可以看出，这家企业对执行力的需求不仅来自上级，还体现于满足来自客户、同事等方面的期待；对执行力的定义不是强调绝对的服从，而是凸显策略性、协同性、预判性，比如策略的制定、过程的沟通、问题的预判等。这家企业对执行力的最高级——钻石级别的定义是"能够发任务包并跟踪闭环"，这也是在向公司员工传递一种理念：最好的执行力是能识别环境机会与风险，判断该做什么更重要。它完美地将决策力融入执行力的内涵中。

事实上，从上面两个案例可以看出：执行力未必是更听话、更勤奋、收到就做、每天加班。更多时候，它蕴含的意义在于更精准的任务理解，更主动，更多思考，更高效，更有方法，自控能力更强。

思考：

1.你所在的公司或团队对执行力的定义或要求是什么？

2.你对自己的执行力有哪些要求？

执行力?

开始行动之前，
确保大家达成目标共识

萃取真实需求
是执行力的 "1"

没有计划管理
的目标是浮云

提升效率，产出价值！

做好日程管理，
管好时间颗粒度

计划不跟踪
执行一场空

管理非理性情绪

萃取真实需求
是执行力的"1"

——为什么拖延？

　　因为不想做。

——为什么不想做？

　　担心做这个没意义，没效果，浪费时间。

——为什么会有这种担心？

　　因为不确定做这个能否达到我们的目的。

——需方（甲方、领导）的目的和真实需求到底是什么，我们真的明确了吗？

我也不知道我想要啥~
但这不是我想要的~

甲方?

领导?

如果给执行力打分，萃取需方的真实需求是执行力的"1"，其他要素都是"0"。在策略方面、动作方面、跟踪方面做得再好，都是在"1"后面添加"0"。如果没有"1"，其他要素做得再好都是无用之功。

当我们接收一个任务包时，通常也会收到发包人的潜在需求。既然是潜在需求，就是没有说出来的需求。无论是上级还是客户，最经典的一句话是："我说不清我想要什么，但我知道什么是我不想要的。"（他们也许没跟你这么说，但相信我，他们就是这么想的！）

是的，真正的"需求"就像洋葱芯，它是底层的、内包含的、需要一步一步提炼的。萃取"真需求"是一个值得你长期修炼的技能点。这不仅限于职场，还体现在婚姻、亲子、社交等多种场景中。

试想，一旦上级或客户不满意，你就会进入修改、汇报、再修改、再汇报的死循环中，降低了效率，摧毁了信心，搞坏了心情，磨薄了信任。如果你正处于这种状态里，你需要做的是 停下来，然后扪心自问：我们是否真的弄懂了"需求"？

那么，如何获取真需求呢？以下有两种方式供参选。

方式一：样例法

地产公司通过样板间沟通需求，软件公司通过制作一个DEMO沟通需求。这种方式可以让客户清楚地看到一个原型，并明确自己要什么、不要什么。这是通过典型的"样例法"获取需求。在日常工作中，你也可以借鉴此方法，尤其是当你收到的任务包是一个组合任务时，这种方法更为适用。

比如，你需要出一整套调研测评体系，那么，你可以先列出一个纲领，同时出几道样例，与你的发包人沟通确认，避免全部做出来后才发现走偏了。

比如，你的领导要求你完成一份市场调研报告，你可以先搜集资料，找出一些曾经做过的市场调研报告给领导，并与领导沟通TA想要哪种主题、框架、排版、文字风格。当然，以上都是报告表层的样例沟通，最关键的是在沟通过程中一层一层深挖做这份报告的底层需求：是用于领导汇报？还是用于部门成果发布？强烈建议你与领导沟通确认后，再展开工作。

再比如，你的客户在公司的几款产品中来回摇摆，你可以拿着几款产品的详细介绍与客户交流，在介绍不同产品的价格、特点、原理、应用的过程中，挖掘客户来回摇摆的底层原因，再通过详细的产品介绍让客户直观了解产品的优势。

方式二：访谈法

如果你想掰开需求的洋葱，仅通过样例法是不够的，因为样例法只能让你了解发包人的表层需求，他真实的目的、诉求，甚至痛点，你可能并未完全获悉。这就会出现哪怕你事先提供了DEMO，后续也还是会改了又改的情况。

这时，我们就需要通过提问、倾听，激发任务发包人的思考，进而获取信息、收集需求。不得不说，不是所有发包人在发任务时，都有清晰的需求，这种情况下，你的引导就非常重要。对发包人进行提问，并刺激他输出，同时进行逐层剖析，这就是通过"访谈法"沟通需求。访谈法成功的关键在于倾听与引导，而不在表达，所以你需要时刻记住，访谈时，你是一个倾听者（具体访谈的注意事项，大家可以参考"沟通力"章节）。当然，获取真实需求，还需要你是个好的提问者，好的提问肯定不是"请您说出您的具体需求和想法"这么简单。这时，你可以通过访谈需求四步法展开访谈。

访谈需求四步法

1.聊方向 目的、意义、重要性、对结果的期待

2.聊策略 达到目标的策略、解决问题的关键点

3.聊计划 行动计划、时间、方式

4.聊资源 所需资源和支持

比如，你的领导让你与一家重要的供应商对接，这个任务看似简单，但是底层需求是多种多样的，所以一定要通过访谈进行深入挖掘。你可以问领导，这次与供应商对接的最主要目的是什么？是谈某款产品的价格？是与供应商建立更紧密的联系？还是想要提高供货速度？

明确好意义和目的，再与领导确认此事的重要性以及优先级：此事是否为本周工作中最重要的事情？是否需要优先

完成？同时，深入了解领导的真实期待。例如，原材料供货周期一般在两周，而领导期望能压到一周。

这些问题都明确后，再与领导聊聊你达成这件事的策略。例如，因为我司是这家供货商的大客户之一，可以用这点与供应商沟通，让其更加重视，或者是增加供应产品数量以中和供货速度。这件事的核心解决点就是在尽量保证双赢的情况下，让供货商提高供货速度。

向领导简述自己的行动计划：本周先联系供应商的采购经理，了解供应商公司目前的情况，掌握更多的资料；下周去拜访采购总监，与其沟通实际情况。

在以上沟通的过程中，围绕领导的底层需求反复询问，才能找到真实的需求。而在与领导沟通简要计划的过程中，也能看出领导的关注点与担忧点，可以在后续重点关注。

访谈法的精髓不是让我们按照提纲机械地一点一点问，而是在盲点处能够追问、深问，且要敢问。做好访谈可以帮你触及更深度的需求，做好执行力的"1"。当然，为了能够使命必达，访谈法不是一个一次性工具，只在任务安排初期聊一次，而是一个贯穿任务执行始终，持续发问、获悉的过程。紧密的沟通，会让你的前方时刻有一颗启明星指明方向。

良好的开端是成功的一半，灵活运用"样例法""访谈法"，萃取上级或客户的真需求，后期才能够让你和团队将时间、精力、资源投入对的事情上。

 当你看到这个标志时，代表这里有对应的口袋卡片，可以通过我们的公众号下载收集。

开始行动之前，
确保大家达成目标共识

执行力不是一个人完成一件事
而是一群人完成一件事

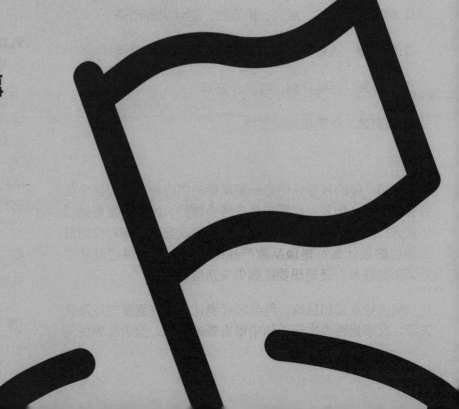

一个人执行力强比较容易，一群人执行力强就不那么容易了。试想，这件事如果只需要你一个人完成，只要你责任心不差、专业能力匹配，一般都不会在执行力上打多大折扣。然而，难就难在，职场上的事情，大多不是一个人单打独斗，而是涉及多人、多部门、多公司之间的联动。"横看成岭侧成峰，远近高低各不同"，由于层级、职务、性格、经历等差异，不同的人对目标会有不同理解。目标不共识，一定会增加任务推进阻力，甚至让团队产生分歧和争论。此时，明确目标的意义就非常大。

我们先尝试做个小互动

1.组织一场有张力、有感染力的市场宣推策划活动。

2.本年度内，落地所有部门的专业化培训，提升员工职业化水平。

3.年底销售额翻3倍（前5年企业复合增长率为30%）。

以上哪一个能够算作清晰的、容易达成共识的目标呢？

是第一个吗？"组织一场有张力、有感染力的市场宣推策划活动。"

那么问题来了，什么叫"有张力""有感染力"？不同人对这两个形容词的理解差别会很大，类似这样的词还有"有场景感的""生动的"，等等。你的现实工作中是不是充满了这样的词？

BOSS这样发任务包，是不是很常见？通常情况下，越高屋建瓴的BOSS，越喜欢仅仅指向一个方向，而你需要做的就是把这个方向变成一个目标。方向可以抽象，目标则要具体。什么时间、什么目标、什么要求、什么期待、什么标准，都是需要你去细化的内容，此时你就可以用上"萃取真需求的两种方法"了。

总之，方向可以抽象、有煽动性、有感染力，而目标则需要具体。正所谓"目标不具体，执行全是坑"，把方向拆解成目标，是执行者的责任。

建议用具体的方式表达，比如：

组织一场对企业高管有吸引力的、能引起他们主动分享、传播的市场策划推广活动（假设你在卖高管需要的产品和服务）。

是第二个吗？"本月内，落地所有部门的职业化培训，提升员工职业化水平。"

这个目标听起来有点具体了，但新的问题又来了：它很难评估。是不是安排所有员工进行一次职业化培训，就叫落地呢？执行者可能会这么想。但BOSS想要的，是所有员工的职业化水平有明显提升。双方理解不一致，最终很难判断这个目标是否达成。

最后造成：

团队成员的OS：我们早就培训了啊！

BOSS的OS：员工的水平离目标还差得很远啊！

建议用可评估的方式表达，比如：

本月内，完成所有员工的职业化再培训，培训四大主题，所有学员测评得分需在85分以上，不合格者重新培训，直至得分达到85分以上。

那么，是第三个吗？"年底销售额翻3倍（前五年企业复合增长率为30%）。"

很多领导喜欢定下高目标，再交给团队完成，而且不听取团队的意见。这也许是一种"谋高求中，谋中求低"的智慧。但这带来的问题是，逐步形成"团队目标就是嘴说说，推卸责任"的风气。

可能会造成：

BOSS 的OS：目标实现了吗？

团队成员的OS：我早说这个目标完不成，但你坚持压给我们，那就随便认领吧！

面对这种情况，我们建议让团队参与目标制定的过程，参考过往数据、经验，合理确定目标值，让目标切实可行。如果所定目标有一个大的跨跃，则更需要配备非常明确的策略、行动计划及资源支持。

除了以上案例，还需要关注的是，不同人对目标轻重缓急的理解不同。在工作中明确时间期限，既能提升工作效率，也会减少因理解偏差带来的不和谐因素。建议你根据轻重缓急，做好优先级管理，拟定截止日期，定期检查，掌握工作进展，根据异常及时调整计划。关于时间管理的详细内容，可以翻阅"做好日程管理"章节。

你看，如果目标定不好，结果就是：要么BOSS着急，下属却没意识到；要么BOSS暴跳如雷，下属觉得委屈。

温馨提示：当前，职场人的困境是要么没目标，要么目标不清晰，要么目标太多。

建议在接收上级给的目标之前，不如自己先给自己定目标：

1.在设定目标时，不要定太多，否则会加大完成难度。建议搞定一个再搞下一个；

2.建议给自己定一个长期目标，逐步去实现。然而目标跨越时间越长，实现难度越大，所以确定长期目标后，可将其分解成若干个短期目标，一步步攻克，一点点看到效果；

3.保证25%的时间分配到重要但不紧急的长期目标上，成为长期主义者，这会给自己的未来带来重要的影响；

4.目标一定要和时间节点同时出现，不同人对目标轻重缓急的认识不同。没有明确的时限，会降低工作效率，伤害工作关系，影响工作热情；

5.如果是多人共同完成的事情，请一起制订共识目标。

参考右边的目标卡片样例，写下你的小目标吧→

目标符合具体、能评估、不脱离现实、有截止日期 4 个标准

目标卡片：样例

我的 半年 小目标　　　　　　　　从 今天 开始

目标一：读完6本心理学经典大部头书籍，形成学习框架导图，完成对心理学的基础认知。

目前对心理学停留在兴趣层面，没有系统钻研。目标是在半年内阅读心理学的基础书籍，并形成学习笔记。

具体： 半年内读完6本大部头心理学书籍，做笔记，形成认知框架导图。

能评估： 目标中，6本书、读书笔记及导图都是可以衡量的。

不脱离现实： 大约每个月读一本，符合正常的读书速度。而且可以再具体些，比如每周、每天读多少章。

有截止日期： 半年就是很明确的截止日期。

关注我们，获取本页PDF；扫描小程序，试试更系统的测评 →

超级团队　　职场测评

执行力测评

你可以做做这个小测试，看看自己需求判断和达成目标共识的能力。

请根据下列描述为自己评分，其中1～5分分别代表"完全不符合""比较不符合""一般""比较符合""完全符合"。

	1	2	3	4	5
当领导描述的需求不够具体时，我会找例子和他明确方向、框架等。	☐	☐	☐	☐	☐
当我对任务的目的、意义不明白时，我会先问清楚。	☐	☐	☐	☐	☐
我在行动之前会想清楚策略、方法，并列出计划。	☐	☐	☐	☐	☐
对于任务的预期结果，我会通过假设场景描述进行验证。	☐	☐	☐	☐	☐
如果一个目标是模糊的，我会先把它具体化。	☐	☐	☐	☐	☐
我知道如何制定一个可评估、可实现的具体目标。	☐	☐	☐	☐	☐

得分

/30

自测解读

如果测评分数小于16分，则需要注意自己制定计划的能力。

没有计划管理的目标是浮云

好的计划管理不是简单的时间表，而是把一个任务合理分解成若干个活动，有先后次序，有里程碑，有清晰的路径。它可以随时提醒自己和团队什么时间要做什么事；它也可以让团队负责人清晰地了解每个任务的进展情况与偏差，及时控制风险。

一份周密的计划一定要有节奏感，这通常体现在如何把计划拆解为阶段，如何把阶段分解成若干个活动，让计划成为可执行的行动路径。

制定计划分四步：

第一步：将计划拆解为阶段；

第二步：将阶段分解为活动；

第三步：设定里程碑；

第四步：设定责任人及DDL（时间节点）。

案例：一个市场调研报告的编纂

行动计划：编制一份市场调研报告

第一步：将计划分为4个阶段

阶段一 启动阶段	阶段二 市场调研阶段	阶段三 方案阶段	阶段四 汇报阶段

第二步：将阶段分为活动

如阶段二"市场调研阶段"，可分为五个活动：

活动一：梳理调研需求；　　　活动四：数据分析；

活动二：形成调研框架；　　　活动五：相关者深度访谈。

活动三：搜集信息数据；

第三步：设置里程碑

项目的里程碑活动，是指每个阶段中最关键的活动，也就是影响项目存亡的活动。例如，"阶段二"的里程碑可以是：

活动二：形成调研框架；

活动五：相关者深度访谈。

第四步：确认责任人与DDL（时间节点）

每个阶段、每个活动都需有清晰的责任人、完成时间和完成标准。

敲黑板

为了做好计划的过程管理，每个活动的周期不宜超过7天，计划的检查周期不要超过2天，否则结果可能会失控。

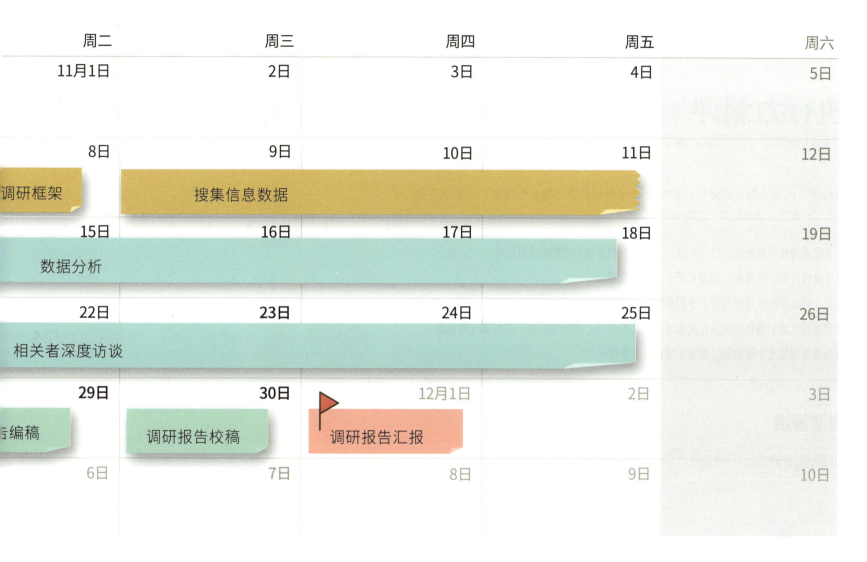

周二	周三	周四	周五	周六
11月1日	2日	3日	4日	5日
8日	9日	10日	11日	12日
调研框架	搜集信息数据			
15日	16日	17日	18日	19日
数据分析				
22日	23日	24日	25日	26日
相关者深度访谈				
29日	30日	12月1日	2日	3日
告编稿	调研报告校稿	调研报告汇报		
6日	7日	8日	9日	10日

里程碑管理是计划管理的灵魂。此计划管理的核心就是把握好里程碑，通过保证里程碑的质量、效果、效率及产出来管理项目进度。

好的计划不是一成不变的，我们需要做的是计划、计划再计划，随时准备调整计划。

关注我们，获取本页PDF；扫描小程序，试试更系统的测评

超级团队　　　　职场测评

执行力测评

你可以做做这个小测试，看看自己制定计划的能力。

请根据下列描述为自己评分，其中1～5分分别代表"完全不符合""比较不符合""一般""比较符合""完全符合"。

	1	2	3	4	5
我会客观理性地判断自己的工作能力，并结合自身情况定制合理的目标。					
我会给自己制定具体的、可量化或可评估的目标。					
完成一项任务前我会想清楚次序和路径。					
我会根据大致的预估时间进行具体活动（工作内容）的时间安排，并尽量按时完成。					
我会及时根据工作动态随时调整活动的进度安排。					

得分

/25

自测解读

如果测评分数小于13分，则需要注意自己制定计划的能力。

计划不跟踪
执行一场空

没有行动，计划将失去意义，而执行力的核心就是持续对计划的执行情况进行跟踪。那么，计划跟踪到底是跟踪什么呢？是简单地跟踪每一个未完成的活动吗？是的，但这只是跟踪的基础。

假如你是某家公司的项目经理，公司接到了一个产品安装调试的项目，交给你负责，需要你管理跨部门团队共同作业，达成目标。如何通过跟踪过程，拿到想要的结果？我们可以关注以下6点：

1 "人"才是最重要的跟踪点

2 发挥成员特长

3 调整工作安排，合理利用资源

4 持续优化计划，完善计划细节

5 记录工作量，提升估算能力

6 注意做好收尾工作

1. "人"才是最重要的跟踪点

假如，你的团队有5名成员：2名产品安装工程师，2名电气工程师，还有1位新人做协助。

首先你进行了任务分工，对2名产品安装工程师进行详细分工，技术更成熟的负责基础搭建，另一位则负责清点配件、安排现场事宜等辅助工作；而后你对2名电气工程师也进行了同类分工，剩下新人则负责学习与记录项目过程。

你信心满满，认为可以使命必达，但要知道任务分配只是工作的开始！当一个任务分配下去后，一定要及时地跟成员进行交流，了解成员的工作情况：

"你是否清晰自己的目标？"

"你的心态怎么样？"

"能不能按时、保质保量地完成？"

"需要哪些支持呢？"

如果任务的总负责人不能及时掌握以上情况，没有建立获取相关信息的渠道，那就等同于缺失对计划执行情况的了解，也就失去可调整的时机。如果是这样的话，后果可想而知：拖延、混乱……完成不了目标。

2. 发挥成员特长

前面提到，工作计划分解后，要持续观察每个成员的状态。提高效率最有效的办法是按照个人的特长分配工作，特长就是效率。为此，作为负责人必须深入了解每一位成员的特点。在项目跟踪的过程中，应随时了解人员的动态、解决问题的动作和对工作的适应度，随时评估成员的优劣势，以便后续调整资源。

	完成度	专业度	投入度	协作性
小明				
…				
…				
…				
…				
…				
…				
…				

在过程中，一定要根据团队的实际情况安排工作量，既要考虑工作的完成度，成员的专业度、配合度，也要考虑人员成长性。

3. 调整工作安排，合理利用资源

假如在做这个项目的同时，公司又接到了一个相对较小的项目，恰好与正在做的项目在同一个地点，而其他项目团队很难支援，你的团队需要同时执行两个任务。此时，前期的基础搭建工作已经做好，技术较弱的产品工程师和电气工程师都有了做类似项目的经验，就可以抽调这两位同事去完成新项目，同时重新对两个项目进行具体分工。

多人、多任务并行的团队，会出现启动或完成（子）计划进度的偏差、团队成员有忙有闲等情况，这时就需要负责人对人力资源进行重新匹配，尽量最高效地利用资源。而负责人只有在充分了解双条线任务进度细节的前提下，才有可能做出及时优化配置的反应，否则可能会同时出现窝工和延期。

能够合理利用人力资源的前提是你需要对团队成员工作进度及饱和度有非常深入的了解，尤其是非现场管理，你需要用好日报、周报工具进行监控与沟通。日报、周报的重要作用之一就是帮助负责人调度项目资源，盯住项目进度。

4. 持续优化计划，完善计划细节

越是复杂的任务越需要更为详细的计划。

上一节提到，项目负责人需要制定非常详细的项目计划，尽量详细到每一天的具体安排以及对应的分工。我们将整体工作周期切分成几个大的部分，标出每一部分的完成节点，在关键节点尽量做一些余量，方便后续有一定的余量调节空间；再去细分每一部分的工作内容，划分出具体的关键里程碑，据此跟踪项目进度。

在跟踪过程中，项目计划不是一成不变的，我们需要根据团队情况、项目进度、额外的支线任务随时调整计划，完善细节。例如，由于合同变更，产品安装的项目验收由一次性验收调整为多次验收，且总时长不予增加，这就要求更加完善的计划细节，比如第一次验收时要完成哪些内容、第二次验收完成哪些内容、两次验收要让验收单位看到哪些动作及成果。这些都要求负责人对整个计划进行再度优化。

跟踪计划执行的过程也是项目计划持续丰富、改善、完善细节的过程，有助于让计划更加详细、合理。

5. 记录工作量，提升估算能力

工作量估算是计划管理的重点，也是难点。只有深入跟踪过程的负责人才能对一个项目的工作量了然于胸，不懂标准工作量的团队负责人很容易在管理过程中处于被动状态，使计划出现异常。因此，我们需要在过程管理中，以团队成员为单位，以标准工段为单位，积累工作量数据，形成标准工时，以提升计划的准确性。随着对工作量估算的持续总结，我们的工作计划也会持续完善。

6. 注意做好收尾工作

收尾也是极重要的工作。我们完成了工作目标，接受了验收，进入任务生命周期的尾声，这样就结束了吗？当然不，我们还需要做以下事情：

（1）把相关文件存档。存档文件，为未来类似任务提供必要的信息。

（2）复盘任务过程，做好标准化改进不足做法，为后续做积累。

（3）收尾是团建的最佳时机，庆祝阶段性胜利是团建的最佳方式，这能极大程度地加强成员联系。

TIPS: 项目跟踪的过程是上下级双向奔赴的过程：一方面，负责人要主动了解计划执行情况，并将其机制化；另一方面，团队成员也要积极向上级汇报计划的执行情况，不要怕暴露问题，尤其要注意的是，**"没有问题就是问题"**。

做好日程管理，管好时间颗粒度

长周期视野调度时间，管理变化

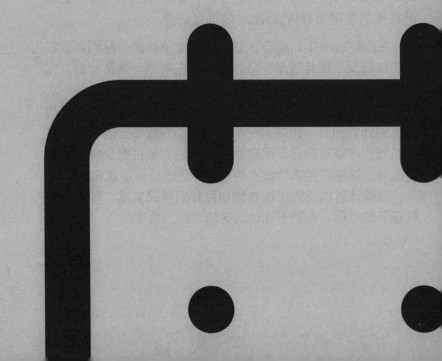

以上的内容都是从"事"的角度，按照计划、执行、追踪、留存的步骤进行的。实际上，在真正的执行过程中，能否完成计划，最关键的还要拆分到每个月、每一周、每一天甚至每一小时的具体时间安排，也就是"时间管理"。

由于不同阶段的职场人对工作计划的预见性和可控性不同，他们的日程表周期也会有所不同：职场新人可以制定周计划，走一步看一步；业务骨干需要制定月计划，安排自己的工作日程，确认自己的工作重点；部门领导需要能制定季度计划；公司高管要有做出年计划的水平，进而分配、协调资源，预估风险，进行决策。

高管	集团决定根据发展战略制定三年人才发展规划，实现干部队伍有担当、核心岗位有储备、骨干工资翻一番，进而提升团队整体作战能力。具体规划为……	部门领导	今年春季和秋季，招聘、裁员同步进行，招为主、裁为辅，配套标准化培训机制，加速人才流动，激发队伍活力。具体行动方案是……	业务骨干	下个月，抓取前线部门核心岗位用人需求，据此制定招聘计划。具体工作安排是……	职场新人	本周整理收到的各个部门用人需求反馈，准备校招所需物料，学习简历筛选技巧。具体是：周一……

不管是哪个阶段的职场人，都会出现一种情况，就是能制定"完美"的计划但是很难完成，一个很重要的原因就是日程管理做得还不够。要想做好日程管理，核心是管好重点、管好细节、管好变化，而管好这些的工具就是一周日程表。

制定一周日程表的过程看起来并不复杂，包括画、列、填三步：

1.画表格：分解时间单元，画出空表；

2.列事项：列出一周需要完成的所有事项；

3.填表格：按照时间节点及重要程度填写表格。

日程管理的核心不仅是列出工作内容及成果，同时要有腾挪空间来应对变化，防患于未然。正所谓"计划没有变化快"，我们总会被临时增加的一些工作任务牵着走，这时，制作长周期日程表并进行宏观调度显得尤为重要。

无论是计划管理还是日程管理，**其本质都是自我管理**。时间是无法被改变的，你不可能增加它，也不可能减少它，**唯一能管的就是自己。**

制定长周期日程表步骤:

1 收集

收集一段时间内的所有工作计划,并将是按照重要程度排序。

一名职场教练的工作计划
202X.02.09—02.13

最重要	★★★★★	1. 与团队讨论课程
	★★★☆☆	2. 工作总结报告
较重要	★★★☆☆	3. 作业点评
	★★★☆☆	4. Excel产品交流规划
一般事物	★★☆☆☆	5. 审批签字
	★★☆☆☆	6. 新书签售安排
日常琐事	★☆☆☆☆	7. 其他临时事项
	★☆☆☆☆	8. ……

2 分解

把相对复杂的工作进行分解,拆成几个子任务,预估每个子任务的耗时。

分解工作	预估耗时（分钟）
了解工作总结的要求和格式	10
找一个工作总结的参考模板	30
搜集工作总结需要的各种素材	120
完成工作总结报告PPT	120
汇报时间	60

3 留余量

为核心工作留提前量，允许非关键工作顺延。

尽管日常工作充斥着变化，但关键核心工作超期通常是不被接受的，所以排关键工作不能按截止日期"准时"倒排，而是要留出提前量倒排工作计划。因此，别让工作填满整个日程表，这样一旦发生意外或变化，我们很难及时应变。

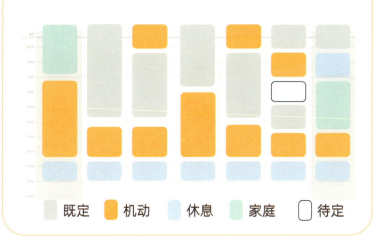

既定　机动　休息　家庭　待定

4 会拒绝

一旦核心工作占满了全部可支配时间，就要学会拒绝非关键任务。

有人"插单"给你安排工作时，要学会根据事情的紧急重要性排期，并跟他商量延期或其他解决方案。在多线并行的情况下，不被带节奏，才可能有产出。

"
这段时间我已经有别的安排了，
能否改在……

请参照以上步骤，为自己制定日程表

	29周日	30周一	31周二	1周三	2周四	3周五	4周六
全天							
07:00							
08:00		任务总结					
09:00							
10:00							
11:00			会见客户				
12:00							
13:00							动物园
14:00							
15:00							
16:00							
17:00							
18:00							

既定　　机动　　休息　　家庭　　待定

温馨提示

不同性格的人在时间管理上会出现不同的问题：

注重结果的人

做事行动力强，抗压能力强，会因身边的人做事速度慢而发脾气。

建议：
工作、家庭、健康的平衡对这类人是一个挑战。此类人更需要关注精力分配，尽可能在日程表中留出家庭时间、运动时间。

易行动的人

思维发散，想法多，缺乏计划性，缺乏重点，做事情不够系统，不够聚焦。

建议：
此类人需要做好精力聚焦，需要在日程表中体现"集中力量办大事"。

非常在意别人看法的人

不懂得拒绝且有依赖心理。

建议：
此类人需要逐步尝试对他人说"NO"。

追求完美的人

容易陷在细节里不出来，过度担心可能发生的各种问题。

建议：
此类人需要在日程表中多留行动的时间，减少思考的时间。

管理非理性情绪

心态崩了，啥都没了

管理非理性情绪

你知道吗,非理性情绪管理是效率管理中非常重要的一部分。

我们做很多事情时,都会在"要做"和"不要做"之间纠结,在"理性"和"情绪"之间徘徊——当对一件事情的情绪超过理性时,我们就更有可能做出非理性的决策,从而造成更大的阻力和更负面的情绪。

非理性情绪会发生在每个人身上,就拿上文提到的排日程表来说,我们可以学会理性分析,把一天要做的事情都列出来,根据轻重缓急去思考,从而制定出相得益彰的日程表。

当完美日程表遇到了非理性情绪,很多人的关注点就会转移到情绪宣泄上;一旦情绪占思维上风时,我们就很容易"破功",很容易放弃。往往在杀死效率这件事情上,很多时候不是事情本身,而是情绪。情绪坏了,执行力差了,心态崩了,啥都没了。

高效的前提是理性与客观,效率管理高手能够跳出画面看画面,会在关注事情的同时关注情绪对后续工作节奏的影响。

然而,谁又没有感性的一面呢?理性高效但煞风景,感性带来无常但也带来惊喜。我们需要做的是接受自己的理性或感性,但在关键问题上,要谨慎对待情绪化,以免被情绪带节奏。

值得注意的是,情绪如洪水猛兽,哪怕是意志力非常强大的人,强迫自己逆着情绪去行动时也很难"向前"。因此,我们还需要在平时留意观察自己的情绪"量表",发现自己的情绪规律并管理它,等情绪爆发了再去管理,就来不及了。

八种常见的非理性情绪

- 求赞赏
- 习得性无助
- 过高的自我认知
- 情感依赖
- 过度担心后果
- 害怕被孤立
- 不自觉想逃避
- 惰性

秋叶老师在《时间管理7堂课》里提到我们有八种常见的非理性情绪,理解并管理这八种非理性情绪是情绪管理的必修课。

短期内,非理性情绪更容易让我们当下得到释放,但长期看,它们会蒙住我们的眼睛,影响我们的判断,非理性决策的后果又会再度加强非理性情感,让我们陷入情绪漩涡。因此,我们可以允许自己的情绪爆发,但尽可能不要在非理性情绪下做重要的决定,被情绪牵着走。

管理八种非理性情绪

① 求赞赏

人性最深处的需要就是渴望被赞赏，这是极为正常的需求，只要不因过分在意别人看法进而心理压力过大，导致动作变形就好。

归因：
此类人往往比较缺乏主见，没有方向感，或原生环境缺乏关爱，所以倾向于在意他人的评价。

突破：
更多关注自己的目标、方向和评价标准，形成爱自己和独立思考的习惯，多和同理心强的人建立关系，通过完成一个个小目标逐步建立自信。

② 过高的自我认知

有高期待是对的，然而产生背离客观规律的过高期待会导致自己行为扭曲，急功近利，畏首畏尾，想赢怕输。

归因：
元认知水平较低，包括对自己的认知和对目标的认知都不够充分，导致认知偏离，要知道，90%的人都认为自己的水平高于平均值。

突破：
持续提升自己的认知水平，降低外部环境带来的非理性比较。

⑤ 习得性无助

是"屡战屡败"还是"屡败屡战"？不同的心态会有不同的感受。如果把失败的原因归于老天爷给你开玩笑，你或许会活得轻松些。

归因：
长期不恰当的评价与不正确的归因，长期努力无果。

突破：
遇到问题深度思考，避免不正确归因；
在小事上寻找收获感；
去靠近积极乐观的人。

⑥ 情感依赖

个体都是渺小而飘浮不定的，或许你只想找棵大树短暂栖息，相信自己，你会缓过来，你还要再站起来，继续迎着温暖的阳光前进。

归因：
过度投入爱，不自信，缺乏独立能力，被操控。

突破：
警惕自己把个人价值和情绪寄托在他人身上；
充实自己的世界、生活，分散注意力；
与依赖方划定责任分工。

3 过度担心后果

做事过度担心结果，会局限一个人的成长与前途，与之相反的状态是敢作敢为。

归因：
性格敏感，羁绊多，多思多虑，缺乏自信，或有过负能量经历。

突破：
正视你的问题，要了解"你担心的事99%都不会发生"；
遇到事情理性评估，深度思考，抓住主要矛盾和核心问题；
多与亲人朋友沟通，获取支持。

4 不自觉想逃避

越害怕承担，越容易失去。

归因：
自我否定，受害者身份假说，过分看重眼前利益。

突破：
培育长期主义价值观，抓住金钱之外的意义和机会；
告诉自己，承担责任与获取机会并行。

7 害怕被孤立

只要你不让我一个人，不管你在哪里，我都跟着你。

归因：
缺乏安全感，满足抱团需求。

突破：
明白集体的本质是合作而非合群，合作靠的是能力，合群靠的是妥协；
拥抱无聊与孤独，培养自己高质量自处的时间与场景；
强大自己，摆脱依赖，摆脱"伪合群"。

8 惰性

人没有不懒的，关键是如何看待懒惰。有人认为懒是休息、是福气，有人认为懒是倦怠、是消沉，换来的更多是内心的愧疚。

归因：
大脑懒惰，精力不够；恐惧和焦虑。

突破：
明确目标和焦点；
拆解目标、澄清动机；
管理精力、恢复精力。

加餐：治疗"懒癌"小妙招

1 MOVE ON：
走出第一步

2 心理加强：
变消极想法为积极想法

3 激励政策：
奖励自己

拆分出大事项的最小动作并完成第一步，逐步积累效能感。例如：

· **写文章，先写出一个小标题，写出第一段落；**

· **健身，至少先去健身房，或者先在家做一个仰卧起坐；**

· **读书，可以先买一本好书，先读第一章。**

心态拖后腿时，我们可以给自己做些心理加强：

· **"动起来"是总比"原地踏步"好；**

· **把"我还没准备好"替换成"只管去做"；**

· **把"这部分还可以再修改一下"替换成"先完成，再完美"；**

· **把"如果这个产品没有得到认可就太糟糕了"替换成"小步前进，快速迭代"。**

当一个人陷入消极情绪中，就容易短视和自我否定。增强自信心，看清现实，重视长远利益和问题的根本解决。

设置奖励刺激自己动起来。有件期待的事情在任务后激励着自己，行动力会提升。例如：

· **买期待已久的胶囊咖啡；**

· **去看最新的话剧；**

· **大吃一顿火锅；**

· **约朋友一起露营；**

· **安静地独处一个下午。**

想想，完成一件事不但产生了效果，还得到了奖励，这么有趣，你会不会选择动起来呢？自己给自己一些正反馈，是效率的开始，也是爱自己的开始。

4 爱自己多一些：用身体动作增加自信

开心是有感染力的，开心时会笑，笑了会更开心，自己开心也会让别人开心。那么，尝试多做些让自己开心的事情：

- 运动、听歌、冥想、放空；

- 与朋友聊天，与自己对话；

- 挖掘自己的兴趣爱好；

- 拥抱自己（也可以找人代劳）；

- 偶尔给自己来个"放纵日"，做些平时自己想做而不敢做的事情（不害人、不违法的前提下）；

- 做任何法律范畴内让自己开心的事情。

5 发挥群体的作用：找到"他律"

在《乌合之众》中，作者一直在告诉大家群体给人带来的影响。

- 好的群体氛围可以给成员提供特殊的激励；

- 好的他人还能促进自己进步；

- "群体打卡学习"也是一种很好的方式。

📍 职场能力成长地图

执行力

萃取真实需求是执行力的"1"

样例法　举个例子

访谈法

1.聊方向	目的、意义、重要性、对结果的期待
2.聊策略	达到目标的策略、解决问题的关键点
3.聊计划	行动计划、时间、方式
4.聊资源	所需资源和支持

开始行动之前确保大家达成目标共识

明确目标很重要
目标要具体
目标要可评估
目标不能脱离实际
目标要有截止日期

没有计划管理的目标是浮云

第一步： 将计划分为4个阶段

第二步： 将阶段分为活动

第三步： 设置里程碑

第四步： 确认责任人与DDL（时间节点）

计划不跟踪，执行一场空

1. "人"才是最重要的跟踪点
2. 发挥成员特长
3. 调整工作安排，合理利用资源
4. 持续优化计划，完善计划细节
5. 记录工作量，提升估算能力
6. 注意做好收尾工作

做好日程管理，管好时间颗粒度

制定长周期计划

收集
收集一段时间内的所有工作计划，并将其按照重要程度排序。

分解
拆分复杂的工作，预估每个子任务的耗时。

留余量
为重要工作留提前量，允许非核心工作顺延。

会拒绝
关键事项一旦铺满工作计划，就要果断拒绝或顺延非关键事项。

管理非理性情绪

八种常见的非理性情绪
- 过分在意是否被赞赏
- 过高的自我期许
- 过度担心后果
- 怕承担责任
- 习得性无助
- 情感依赖
- 害怕被孤立
- 惰性

治疗懒癌小妙招
1. 迈出最简单的一步
2. 培养积极情绪：变消极想法为积极想法
3. 调节动机：设置奖励激励自己
4. 增强自我效能感：用身体动作增加自信
5. 发挥群体的作用：找到"他律"

"执行力提升" 行动卡片

需求挖掘

1. 重新审视近期上级安排的任务；

2. 与上级深度沟通其目的和意义；

3. 思考完成任务目标的策略；

4. 对所需资源列出清单。

制定年度目标

1. 制定一个年度目标（符合SMART原则）；

2. 将这个目标拆分为可量化的N个子任务。

制定详细工作计划

1. 针对从年度目标拆解出来的最为重要的子任务制定详细的工作计划，将此项工作再拆分为阶段与活动，设定里程碑；

2. 安排好各阶段、活动的时间节点并执行。

告别拖延

1. 现在，对最不想完成的小目标开始行动，尝试走出最简单的一步；

2. 有了小进步，奖励一下自己。例如：目标是做一个复杂的方案，可以在完成收集相关资料后，做些自己喜欢的事情奖励自己！

非理性情绪管理

1. 分析自己容易出现哪类非理性情绪；

2. 选择一种最容易爆发的情绪点，自我剖析，找到根因；

3. 下次再出现此类情绪时，提醒自己不要做出关键决策。

02 沟通力

效率始于沟通

沟通力

"不擅沟通"

——不通人性的障碍

你身边有没有人喜欢说：

我不喜欢兜圈子，有什么说什么，这样效率高。

我说话直，但我就是对事不对人。

我不喜欢同事打扰我，我忙的时候他们打扰我，我会很不爽。

我从不来虚的，实干就是我的沟通方式。

　　总而言之，他只是想表达一个意思：**尽管我冒犯了你，但你要明白，我不是针对你，我只是不擅长沟通而已。**

　　这也是一种自我心理暗示：我允许自己不擅长沟通，这只是小遗憾，不是什么大问题。通常**不擅长沟通的表象原因之一是不重视沟通，但归根结底，不擅长沟通是缺乏同理心、不通人性的表现。**

你有没有对身边的人说过：

（心里说过也算）

　　"你吧，能力很强，就是说话时不太顾及别人的感受……"

　　"你吧，很有想法，但也需要考虑团结好群众……"

　　甚至，你会不会在心里想——"这人情商太低了……"

　　是怎样的场合，你会对他人有这样的评价？这也许是你无心的一句，但他是否曾因此类情况失去绝佳的机会，甚至失去了人心？

　　在职场，不擅长沟通从来就不是小事情！有些工作，开错口，就注定输了；有些人，开错口，就注定失了。

　　假如你有超能力能看透世事，知晓因说错话让你错失了什么；假如你有超能力能读懂人心，知道有时甚至你自己也是别人眼中"低情商"，你一定比现在更重视"语言艺术"，更想要"会说话"。

　　要知道，说对一句话可能会解决 70% 的问题，而说错一句话会带来 70% 的问题（此处 70% 是个概数，无需较真）。

事儿成不成，沟通说了算

沟通，是人与人之间的润滑剂，更是组织效率的生命线；

沟通，是职场中的重要工具，是各部门、各岗位有效工作的基础和信息桥梁；

沟通，是团队的重要的一环，作为管理者，要将有效沟通打造为一种工作文化。

试想一下，如果团队上下或者部门之间缺乏沟通，信息不对等，久而久之，一定会出现矛盾、隔阂、误解，进而造成冲突，激化矛盾，成员们事事不顺心、处处不愉快，导致团队失去凝聚力、向心力，后果就是整个公司成为一盘散沙，对企业的影响是难以估量的。

人与人之间所有的情感都来自沟通，高效的沟通会带来有效的回应和认可，认可会引发配合度，配合度会带来工作效率；如果缺乏沟通，任何一种关系都会日渐生疏，人们会潜意识认为"有些事不方便讲"或者"不好意思讲"。

总之，企业发展管理过程中，沟通是不可或缺的。有效沟通，能让企业生产力进入健康和谐的良性循环中。

"社牛"

滔滔不绝

委曲求全  会沟通

巧舌如簧

会沟通是一项美好的特质，会沟通的人从来不会让你觉得有压迫感和距离感，他们真诚开放、懂得尊重、专注倾听、逻辑清晰且有极强的同理心，非常善于换位思考，每次沟通都会让你觉得如沐春风。

积极心态

千万不要带着情绪沟通

千万不要带着情绪沟通

我已经无能为力了，说什么都没用；

他把我气疯了，解决问题不重要，重要 的是我要怼回去；

我就是这样一个人，有仇当场就报了。

时刻提醒自己：

我们是来一起想办法扭转这形势的；

这件事我也有责任，不能只找他的问题；

我需要控制自己的情绪，就事论事；

他现在是在输出情绪，我们可以换个时机聊。

　　带着情绪总是很难实现沟通目的。消极的情绪会限制我们思考的方法，也会传递给对方一种消极的信号。而积极的心态能帮助我们正视现实，负起责任，努力想办法进行良好的沟通。可以说，拥有积极心态，沟通就成功了一半。

如何在沟通中 **塑造积极心态**

客观理性分析当下问题成因；

尽可能消除产生恶劣情绪的因素；

情绪不良时，换时机再聊；

既能看到事情好的一面，也能意识到不好的一面。

这是鸡汤：

　　每个人都会面对许多切实的难题，但不是所有人都能从逆境中求得发展。积极的初心加以切实的行动，确实能帮助我们扭转局面。

　　当我们用积极的心态去面对客观问题时，我们也会变成一个更美好、更温暖，甚至更成功的人。

有效倾听

听信息、听情绪、听意图、听心智

某种意义上，倾听比表达更难。倾听关注的是对方，表达关注的是自己，而人的本性往往更容易关注自己。沟通高手可在沟通过程中听80%，说20%，还能实现沟通目标；而沟通菜鸟往往全程输出，耗心耗力，却起不到任何意义。听得清，才能说得准。一场高质量谈心需要从"慢张嘴"开始。

不要成为**"覆盖式沟通"**达人，比如在沟通时覆盖到下面的禁忌：

没等别人说完，你就有了结论，进入全场输出阶段；

没听明白，但也没要求别人说明白；

假装在听，实则盘算着如何"回得更好"；

只听了对方说话，没关注对方的情绪，对方已经明显有抵触了，你还在讲道理。

你有以下倾听习惯吗？在友善沟通中，请注意避免这些表现。

- ⊗ 爱打断或插话
- ⊗ 漫无边际换话题
- ⊗ 带标签，带成见
- ⊗ 情绪沟通
- ⊗ 缺乏同理心
- ⊗ 只做评论不听讲话
- ⊗ 挖苦、讽刺
- ⊗ 预设答案
- ⊗ 听事实，不听感情
- ⊗ 全程想着如何回怼
- ⊗ 过激言辞
- ⊗ 急于下结论
- ⊗ 不耐心、不尊重
- ⊗ 沟通时分神
- ⊗ 眼神四处看
- ⊗ 不做眼神交流
- ⊗ 过于紧张
- ⊗ 不停地看时间、玩钥匙

职场人既要担起目标、效率和生产力，又要照顾团队成员感受，沟通自然是不可或缺的"神器"。

如果倾听有**段位**

青铜
心不在焉，或无倾听意愿

白银
听到信息、资讯

黄金
听到情绪、立场

钻石
听到意图

王者
听到心智模式、思维习惯，甚至信仰

想要高质量倾听，你需要做的是保持好奇心。只有走心才能充分倾听，才能关注到对方的情绪及情绪背后的内容。当然，除了走心，高质量倾听还需要走脑，关注对方的诉求。倾听是理解别人语言背后的信息，包括观点、情绪、立场、意图，甚至思维模式等。高质量倾听是在对方说话时，你能够同步高转速思考。

像"**恋爱**"一样沟通

在对方说话时

同步高转速思考五个问题：

客观信息是什么？（事实）

对方想表达什么？（观点）

为什么这么说，他有什么意图？（立场）

为什么他会有这样的意图？（心智）

我们能够一起做什么？（共识）

倾听案例

当餐厅员工对客人说："今天才30度，其实不热！"

你听了什么？

你听到的**事实**是：今天30度。

你听到的**观点**是：餐厅员工觉得今天没那么热，客人觉得今天热，两方感受不同。

你听到的**立场**是：客人想开空调，餐厅员工想控制成本，所以不想开。

你听到餐厅的**心智**是：有的餐厅以客户第一，有的以成本为先，这一家更重视成本。

当你听到的是**事实观点**"今天30度，其实不热"时，

你与对方沟通的重点是**"30度到底热不热"**。

当你听到对方的**立场**是"不想开空调"时，

你与对方沟通的重点是**"开空调会不会更好"**。

当你听到对方的**心智**是"控制成本更重要"时，

你与对方的沟通的重点是**"这个时间段不开空调，肯定影响客流，划不来"**。

你听到的内容不同，你回复的信息及方式也会不同，你能和对方达成的共识与拿到的结果自然也不同。

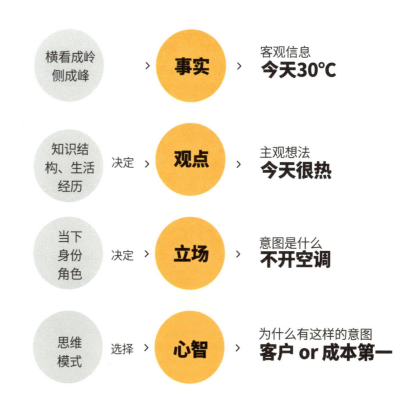

因此，建议你针对"倾听技能"进行刻意练习，倾听时，脑部反复回想前文提到的"五个问题"，这样可以大大提升你的倾听效率和沟通效果。如果沟通时忘记了，可以用上小手卡，每次重要沟通时都将其带在手边，时刻提醒自己。慢慢地，"五个问题"就会流进你的血液里，每次聊天的时候都会自动弹出。

领导加餐：听到情绪、化解情绪

一个只盯着结果不放的人，往往拿不到好的结果。在职场中，决定个人业绩结果的因素不仅是他的能力。排除外部干扰因素，个人业绩结果受个人能力和心理干扰两项要素影响：

个人业绩结果＝个人能力－心理干扰

当团队成员的工作表现不好时，很大可能是情绪、心态出现了问题。整个人不在状态，能力再强也没用。这时，他可能需要的是情绪疏解。

情绪疏解不是正式的工作汇报，也不是严肃的思想交流，它是一种对情绪的倾听，它只有一个目的，就是帮团队成员排除"心理干扰"。职场中，免不了要遇到疏解团队成员消极情绪的情况。

温馨提示：

身在职场，偶尔的情绪爆炸可以理解，但职场不鼓励长不大的孩子，情绪频发、影响工作、耗能他人的行为是不被接受的。

作为管理者，在关注团队成员情绪的同时，要做的是鼓励团队成员做好自我情绪管理。

定期化解员工情绪

1. **敏锐观察，定期沟通。** 平时多关注同事，比等到其情绪大爆炸时再做沟通要好得多。很多情绪等到最后一步，已经是无解。

2. **在倾听过程中，要挖掘员工不满情绪的真实原因。** 往往在沟通初期，听到的信息未必是真信息，而你需要做的就是多问几个为什么，**多留白等待，让对方开口。**

3. **提醒要控制尺度。** 如果对方因个人原因产生情绪，可善意提醒对方注意控制;如果是因为公司或他人原因，则需要正向引导，化解合作中的消极情绪，不要激化矛盾。

4. **满足合理需求。** 如果是多方出现分歧引发情绪，则应围绕共同目标，拆解多方的不同诉求，将之前的矛盾点变为客观的需求点，然后用合作的心态相互满足。当然，作为管理者，应在合理范围内满足员工的需求，安抚员工的情绪，并做好相应的跟踪。

关注我们，获取本页PDF；扫描小程序，试试更系统的测评 →

沟通力自测

你可以做做这个小测试，看看自己有效倾听的能力。

超级团队

职场测评

请根据下列描述为自己评分，其中1～5分分别代表"完全不符合""比较不符合""一般""比较符合""完全符合"。

	1	2	3	4	5
别人讲话时，我都有耐心听完，即使内容可能烦琐重复，我也不会打断他们。	□	□	□	□	□
如果我没听明白，即使我猜到了大概意思，我也会在回应前先问清楚。	□	□	□	□	□
我在沟通时，会注意观察对方的反应，关注对方的情绪。	□	□	□	□	□
如果我发现对方有抵触情绪时，我会尽快停止输出，让对方表达他们的不满地方。	□	□	□	□	□
在和对方沟通时，我会同时思考他想要表达什么、他为什么这么说、他想要什么。	□	□	□	□	□
在沟通时，我更多的是思考我们能一起做什么，而不是你干吗给我说这个。	□	□	□	□	□

得分
/30

以下是针对管理人员的补充测评：

	1	2	3	4	5
我平时会留意员工可能存在的情绪问题，主动发起沟通，让对方倾诉。	□	□	□	□	□
我知道与员工讨论不满情绪时，他们一开始可能不会说真实原因，我会留白等待，尽量让对方开口。	□	□	□	□	□
在聊到员工个人问题时，我会留意他们的情绪，在适当时候停止追问。	□	□	□	□	□
如果员工对于公司或管理有不满，我会正面客观地引导大家一起思考解决方案。	□	□	□	□	□
如果员工提出了不合理的需求，我会先安抚他的情绪，然后与他一起讨论可以满足他的合理方案。	□	□	□	□	□

得分
/25

自测解读

如果测评分数小于16分，或者管理人员补充测评小于13分，则需要注意自己有效倾听和同理谈心的能力。
测评问题本身就是很好的练习材料，如果在平时沟通中进行练习，相信你的同理谈心能力会有所提升。

高效表达

话要说得清楚

身在职场，自然需职业化表达，高效的表达既能获得效率，又能获取效果，还能收获信任。以下是高效表达需要掌握的四项要素，它们能帮助你及你的团队成员更精准地输出，减少沟通内耗。

高效表达1　说不清楚时向内归因

我的一位同事，每次和别人沟通后都会补一句："我有没有说得不清楚的地方？"我问他怎么会有这个习惯，他告诉我，这是确认信息是否传达到位的一句话。他之前更习惯说"你听明白了吗"，后来，他的上司告诉他，"你听明白了吗"是将信息没传达到位的原因归于对方没听懂，建议他尝试用"我说清楚了吗"代替，这将是否传达到位的原因主要归于"我说得是否清晰"。

思维决定表达，如何想决定如何说。如果真的想练就高效表达，先学会"向内归因，深度思考"，持续反思自己是否想得透彻、说得清楚，而非归因于别人是否听得懂。

高效表达3　高信噪比原则

信噪比是衡量信息传递有效化的一个指标，此指标的存在意义是让你在沟通时关注传达主要内容，减少次要内容。

$$\text{信息传递}_{MAX} = \frac{\text{想传递的意图}}{\text{无效信息元素}}$$

高效表达2　你到底想说啥

我们身边不免会有这样的同事，每次与他交流时，我们的脑海里都会浮出一句话："他到底想说什么？他的重点在哪里？"这类人说半天找不到重点，和他们沟通既浪费时间又浪费感情，还会加大信息传递错误率。

事实上，每个职场人都有必要建立自己高效表达、突出重点的沟通习惯。在此，我们可以选用**"麦肯锡金字塔原理"**建立表达逻辑与重点。

金字塔原理是用结构化思维将无序变为有序的结构化思考过程。沟通时，**观点先行，先说结论**，让人抓住重点，再向对方做出解释。这样的好处是对方能快速抓到你的要点，沟通起来也会更加顺滑。

高效表达4　表达简单化

高效的表达不是炫技，尤其是有一定专业门槛的内容，更需要被转化为容易被大家理解的方式表达，这样才能实现沟通效果。

举例：OPPO 手机广告词

专业术语	表达简单化
VOOC技术，让手机快速充满电	**充电五分钟，通话两小时**

职场表达三大基本场景

身在职场，自然需要职业化沟通，职业化沟通自然有章法可依。

以下是职场最常见的沟通场景，作为管理者的你，

不但要自己掌握，还需要让你的团队成员掌握其精髓，以确保你的团队沟通高效且有力。

场景 **3**

获取支持五步法
Gifts

激发痛点与愿景，增强对方同理心

场景 **2**

高效汇报四步法

用对方逻辑，简单明了说事儿

场景 **1**

布置任务五步法

任务布置是否清晰，是能否回收任务的关键

表达场景一：
布置任务五步法

任务布置得是否清晰，是能否回收任务的关键。

此处，你及团队需要掌握以下五个关键环节：

「布置任务」的关键五步

1. 陈述任务内容、意义、目的、关键点；
2. 确认对方是否完整接受任务； ⓘ **关键步骤**
3. 了解对方的工作方法或工具；
4. 请对方估计工作时间与规划，便于检视；
5. 提供资源与指导。

| 我说完了，去做吧。 | 这些都尽快完成啊！ | 你先做着，有问题了再来问我。 |

清楚要做什么了吗？
这里面有没有觉得不好做的？
或者有难度的？

ⓘ **关键步骤**

可以简单说说你的计划吗？
……
我们在这一天沟通确认这一
部分的内容，可以吗？

你觉得这个任务有难度吗？
……
哪里需要帮助吗？需要其他部门
配合或提供什么资源吗？

案例1　　请做一份广告推广方案（陈述法）

案例原型：

　　小钟是一名广告文员，刚入职两周，上级给他布置了一项任务：根据某客户需求做一份广告推广文案。如果小钟直接动手，是很难拿到结果的。上级需要说得更清楚，小钟需要问得更仔细，参考"**布置任务五步法**"：

- **第一步　陈述任务内容、意义和目的，说清关键点**

　　小钟，目前有个客户正在商务阶段，需要根据他的需求做一份推广方案，**最终目的**是成单。你可以参考之前的模板完成，**关键点**是满足客户提出的三大需求，在方案设计中**注意要**呈现我们如何解决痛点。

- **第二步　确认对方是否完整接受任务**

　　关于这个任务还有什么不理解的点，可以说出来我们讨论一下。

- **第三步　了解对方的工作方法**

　　这个任务你初次做，简单说说你的思路和方案结构。

- **第四步　提供资源与指导**

　　如果还有任何技术上的问题，你可以请教小张或者直接问我。

- **第五步　请对方估计工作时间与规划，便于检视**

　　下周五给客户提交最终版，有问题吗？如果没有问题，倒排一下你的工作计划，在关键节点环节，咱们再探讨。

案例2　　请发一篇公众号推文（提问法）

案例原型：

　　品宣部经理给下属小张布置了一项工作："小张，需要你去写一篇关于昨天年会的宣传稿，在公司公众号里发出来。"

　　此时，任务交出去了吗？NO，这只是简单描述了工作任务，还有很多重要信息并没进行交底。我们还要进行下面的步骤：

- **第一步　陈述任务内容、意义和目的，说清关键点**

　　小张，你是如何理解这篇文章想要达到的效果？

- **第二步　确认对方是否完整接受任务**

　　那么，围绕以上目标，这篇推文的重点应该放在哪里？

- **第三步　了解对方的工作方法、工具，及所需支持**

　　想得很全面了，这次你考虑用哪些参考样例？

- **第四步　提供资源与指导**

　　如果还有任何疑问，随时找我。

- **第五步　请对方估计工作时间与规划，便于检视**

　　这篇文章后天（周五）发布，时间上有问题吗？初稿什么时候发我？

　　通过以上的几个提问去布置工作，既能够帮助团队成员理清工作思路，让双方理解一致，又能锻炼团队成员独立思考的能力。

请关注：

前期交底越清晰，后续无用功越少。

布置工作不是上级对下级的单向保姆式沟通，而是双向奔赴的过程。

五步法中最重要也最易被忽视的是第二步：确认对方收到。我们常认为传递的信息对方能够完全掌握，但其实沟通信息漏损是大概率事件。

布置任务时，用提问代替告知效果更好。

表达场景二：
高效汇报四步法

汇报时，用对方逻辑，简单明了地说事儿。在此环节，你及团队需要掌握以下四个关键环节：

"汇报工作"的关键四步

第一步：明确对方关心什么；

第二步：观点先行；

第三步：围绕观点进行事件展开；

第四步：提出解决方案和行动计划。

高效汇报逐步自检要点

1.我是否围绕对方的工作目标及需求展开汇报。

我认真倾听并思考对方的需求了吗？
我想说的，对方关心吗？
我的汇报能够支撑上级做决策吗？

2.我的结论与观点是什么，观点先行。

我的观点清晰吗？

3.围绕观点进行事件举证及事件进展的汇报。

我的观点站得住脚吗，有支撑依据吗？
我对事件细节的汇报是否抓住了重点？
我是试着跟着他的逻辑来，还是固执地走回自己的逻辑？

4.主动提出解决方案和行动计划。

我主动提出解决方案和行动计划了吗？
我是否在被动等指示、看风向、靠他人？

高效汇报中的第四步"提出解决方案"，通常是对方最关注的部分，我们可以通过以下四步来提出解决方案：

第一步，为什么是这个方案？

第二步，方案的重点是什么？

第三步，方案如何执行？

第四步，方案预期结果/目标是什么？

值得关注的是，务实的团队会有意培养团队成员在汇报工作时的沟通文化，并反复强调，比如：

· 用提建议代替讲困难；

· 用提价值代替讲动作；

· 用提效果代替讲苦劳。

案例　如何用"解决方案四步法"汇报工作

案例背景：

你是一家装备公司的销售经理，最近两个季度，销售部门业绩持续下滑，总经理想明确了解销售业绩下滑的原因并对业绩进行针对性提升。你希望通过推动销售团队每周复盘来持续发现原因并进行定期纠偏，从而实现销售逆袭。

你将用"解决方案四步法"进行工作建议汇报。

第一步，为什么要做销售群体复盘？

1）销售业绩下滑，涉及销售全流程中的多个关键环节，不能简单通过表象进行归因分析，而需要深度剖析；

2）群体复盘的过程，也是团队共建、寻求解决方案的过程，便于找到解决方案后的落地推动。

第二步，销售群体复盘的关键是什么？

1）销售所涉各环节的相关群体都有参与；

2）不是只讨论过去的问题，更重要的是要站在未来的角度，思考怎么能把事情做好；

3）持续做，坚持每周做，而非只做一次。

第三步，怎么做销售群体复盘？

1）采用GROW复盘法，每周对典型成功案例和失败案例进行复盘；

2）每次复盘，形成复盘画布，指导后续工作；

3）邀请公司综合部负责人做复盘催化师；

4）关键案例，最好能邀请公司高管参与，给予指导。

第四步，预期的结果？

以一个季度为周期，坚持每周复盘一次，通过复盘找到业绩下滑的主因，形成对应的行动措施并落地执行，最终实现业绩达标。

表达场景三：获取支持五步法

当你需要争取上级甚至公司的资源倾斜，而你的开场却是："BOSS，我建议公司开发一款产品，产品描述是……它的优势是……"很遗憾，这样的开场，离拿到资源还有很长的一段路要走。

如果是索取帮助，你需要做的第一件事是告诉对方为什么，激发对方的痛点，或者帮他描绘一幅栩栩如生的远景图，在此基础上再去谈你的主张与想法。同时，在聊完主张后不忘CALL BACK一下，强调目标与愿景的实现会为公司带来什么。

具体来说，获取支持可以采用**GIFTS**模型：

Goal：目标

Incentive：激励

Finance：财务测算与评估

Tactics：实施路径

Staff：人员配置

案例

假如你是一位生产经理，清点库存时发现有一批近500万的老旧产品，你希望公司能够解决这批库存，让销售把库存产品卖出去。

你可以采用GIFTS模型：

G：目标——向总经理明确你的目标是想让销售卖出500万的库存产品。

I：激励——因为这批产品型号旧了，对销售人员来说，销售起来较为困难，因此可以在销售提成上单独设置激励，例如提成比售卖新产品的高很多，这样才可以激发销售人员的积极性。

F：财务测算——公司明年将推出更新一代的产品，经过财务大致估算，如果这批产品今年再不卖出，那么明年再卖出的可能性更低，产品报废率可能会高达80%，造成近400万的损失。如果今年开始行动，可以大大降低产品的报废率，减少损失。

T：实施路径——我们的策略是，先让品宣部做一些精美的宣传海报，发在公司的宣传平台，然后让华北区域的销售进行第一轮产品销售，如果销售形式较好，再继续向南部区域拓展。

S：人员配置——希望销售部能够让两名骨干级销售经理来负责旧型号产品的销售，尽快将旧型号产品售出。

当然，**不是每一次获取支持都会顺利达成，有时你甚至不能理解——为什么他就不能顺水推舟呢？**

如果没有得到你的所需，你需要思考以下几个方面：

1）你找的人是否准确。如果他没有支持你的能力、权力，沟通到天上也是无效的。

2）想清楚对方最关心什么。不管你认为自己的诉求多么合理，多么期望对方帮助你，那都只是你的立场，也许对方信息比你全，站位比你高，经验比你丰富，或者利益诉求与你不同，这都会影响你获取资源。所以，你需要从一开始就忘记自己，站在对方的角度考虑问题，思考他的关注与诉求，再去推动业务合作，而不是直接去提自己的诉求。

3）预设对方可能回绝的理由，尽可能帮助他排解担忧。

4）回顾自己提的需求是否清晰，有没有马上可以开始的行动，如果你给对方提的需求比较模糊，也会影响对方的行动。

5）用积极的心态应对抱怨，比如请其他部门配合一项业务时，对方抱怨之前配合过你部门的工作，但你部门连基本的信息提供都没有，可这件事情不是由你的原因造成的。这种情况下，与其说这个事情不是你的责任，倒不如用更加积极的姿态去协助解决问题，如"这件事是我另一个同事负责的，我来问下结果怎么样了，尽快把信息汇给你"。通常，等你把这件事问清楚，再说自己的诉求，对方会有更配合的举动。

6）最后，在期待别人做什么时，永远**先说我能做什么**或我能帮上什么忙，这既是一种积极的心态，更是一种双赢的智慧。

"获取支持失败" 需要复盘

你找的人是否准确；

想清楚对方最关心什么；

预设对方可能回绝的理由，想好对策；

回顾自己提的需求是否清晰；

用积极的心态应对抱怨；

先说我能做什么；

……

合理建议

建议 ≠ 批评

有一个我们不得不接受的事实：不管是老板还是员工，职场新人还是老炮，成功人士还是普通人，因为自己原因做错事的人还是因为他人原因做错事的人……没有人内心能真正接受批评。

你对别人批评得越多，你越有可能成为一个只会批评的"批评小能手"。

但职场中，每天都有错误发生，修正错误、改良改善又是件非常重要的事情。

这种情况下，"用建议代替批评"是修正错误的更优选择。好的团队氛围不是处处彩虹屁，赞美固然重要，但真诚的建议也是健康团队不可或缺的。这里要重点强调一下，"批评"与"建议"的界限在哪里？

 不要成为 **"批评"** 小能手

事前不说标准，事后诸葛亮。

平时不管不问，出了问题来吐槽。

公开场合，不给面子。

把自己当高人，关注讲自己的辉煌史。

"看看人家xxx"……

只有负面表述，没有改进措施。

批评	建议
对人	对事
强调已发生的问题和责任	强调后续的改变及如何解决问题
公开场合	私密场合
没有边界感	双方有一定的边界感

我们不得不承认，批评早已经不是面向未来的管理工具了，相比批评，建议更容易被接受。批评耗神而无用，还会被对方在心理上拉黑。不愿意被批评是人性的弱点，如果你能读懂人性，可以去做一个建议者而非批评者。

如果你认为自己需要提出建议，或者忍不住要批评别人时，你可以参考以下原则：

提"建议"时的

四个原则

1）告诉对方解决的方法，而非抱怨；

2）**选择好的时机，及时、适时表达**。及时指的是不要秋后算账，而是过程中指引，适时指不要在有情绪时做沟通；

3）**针对具体事情**，不要上升到对人性、人格的攻击；

4）**不要用暴力语言**，不是只有骂人的话才是暴力语言，很多提建议的方式比脏话更暴力，一开口就注定是无效，比如：你怎么总是……/你就不能……/我觉得你这样不对……这样的语言再搭配上一定的语气，开口就会被对方拉黑。

比如，你的下属又迟到了，你可以选择说："你怎么总迟到？对工作这么不上心！"也可以选择问："最近是不是家里有事？哦，如果没什么特别的事儿，得关注一下出勤率，不能再迟到了啊。"

比如，你的下属方案设计方向偏了，你可以选择说："这方案怎么做的？"也可以选择说："你的方案需要关注这几点……"

再比如，你的上游部门负责的工作延期了2天，你可以选择说："小明，你负责的模块怎么又delay？"也可以选择说："小明，我看你最近负责的模块，delay了2～3天，周末能不能加个班赶一赶进度？"

大家是否发现，批评和建议，听起来感受完全不一样？

有人看到这里会觉得："说话太麻烦，那我干脆不说了，做个职场小透明蛮好的，反正我社恐……"但你要知道，不把话说开可能面临着目标达不成、问题搞不定、事情还在那边拖着的情况。问题是绕不开的，最终还是要面对，拖久了甚至会频繁出现上司发飙、下属抱怨、同事指责的场景。逃避不是职场的明智之举。真诚地提醒团队成员存在的问题，同时给出相应的建议，你会获得更高的效率和更多的尊重。

说到这里，你可以展开行动了，真诚地给小伙伴提醒与建议，帮助他进步，你会发现团队环境开始逐渐变得友善……

关注我们，获取本页PDF；扫描小程序，试试更系统的测评 →

沟通力自测

你可以做做这个小测试，看看自己合理建议的能力。

以下是针对管理人员的合理建议测评。**请根据下列描述为自己评分，其中1～5分分别代表"完全不符合""比较不符合""一般""比较符合""完全符合"。**

超级团队　　职场测评

如果在事前没有说明标准，那么沟通时我会先自我批评，再提出合理建议。

我平时会跟进进度和工作完成情况，所以很少出现出了问题再去批评的情况。

我尽可能不在公开场合给别人带来尴尬，而是私下解决问题。

我认为自己职位或成就比别人高只是努力和运气，没有因此产生优越感。

我几乎没对同事说过"你怎么总是/你怎么回事/你怎么不能……"这类话。

如果被下属气到了，我也会先想好建议，情绪平稳后再提出建议。

当发现团队工作出现问题，我会尽快和对方进行沟通，而不是攒到情绪爆发时。

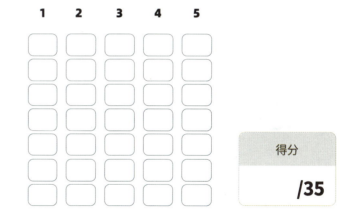

	1	2	3	4	5

得分

/35

自测解读

如果测评分数小于19分，则需要注意自己的合理建议能力。

不会关键对话不算真领导

与绩效好的成员做绩效面谈

与绩效差的成员做绩效面谈

劝退不合格员工

应对骨干主动离职

处理下属加薪申请

处理下属加薪申请

团队成员提出升职加薪时，管理者既不要逃避话题，也不能卖人情直接答应。

首先，要对团队成员的追求表示**鼓励**。

更重要的是，管理者需要**评估**团队成员的能力是否符合更高职位的要求。如果评估结果符合要求，公司有升职加薪的窗口，那么管理者就应该为团队成员**争取**，同时帮团队成员**设定更高的挑战**，帮助他更快地成长。

如果评估结果不符合要求，管理者应坦诚地**指出**团队成员的**不足并给出团队成员具体的努力方向，鼓励他再接再厉。**

> Tips: 同意加薪的时候，一定要提出新要求。

应对骨干主动离职

我认识的一位职业经理人，在公司工作了10年，最终选择离职。在和HR聊离职原因的时候，她会提到家庭原因、身体原因，但我总觉得这些原因都太表面。

后来，我们单独聊了很久，在反复追问下，这位副总说："十年间，从没听到过老板的一次肯定，他永远都是责备，让我感觉工作没有什么价值和意义。年轻时觉得持续的成长是奔头，晋升涨薪是奔头，现在做到这个位置，既没有成长性，每天还有极大的**情绪压力**，所以选择离开。"

遗憾的是，老板没能知道她离职的真正原因。

如果骨干提出离职，管理者首先要**询问他的离职原因**，然后**判断核心的原因。**这样既能提升挽留几率，又有助于后续管理改进。

管理者只有真正清楚了团队成员的核心需求，说服才有可能有效。在说服过程中，要特别注意这三种情况：

第一种，团队成员因为不了解实际情况而产生了误会。管理者最需要做的就是补充信息差，帮助分析，真诚挽留。

第二种，其他公司付出较大代价向挖墙脚，待遇、机会远高于本司。管理者需要及时向公司沟通，获取支持。当然，在争取过程中，作为管理者，一定要了解并把握好公司的底线。

第三种，管理者及公司已经尽力挽留，但还是没有效果，就预留B角到岗时间，交接工作，降低影响。

劝退自己带出来的兵，对管理者来说也是件不容易的事情。管理者应该重点关注心态、行动和沟通三个维度。

首先，是双方的心态。让不合适的员工离开，很多时候反而对双方都是好事。

其次，是列举行动。"劝退"不应该只是告诉员工一个结果，而是要有理有据。管理者需要非常**具体**地指出，员工日常工作中在能力或态度上有哪些具体的不足。

友好的沟通在劝退环节是非常重要的。管理者需要通过**建立共识**，让团队成员认可你的决定。沟通过程中要搞清楚团队成员到底要的是什么，然后帮他找解决方案。

与拥有良好绩效表现的成员沟通，需要重点关注的是要引导他"戒骄戒躁"并适时帮助他提高难度。拥有平稳的心态有助于他取得更好的表现，而向更难的工作发起挑战有助于他的不断成长。

1）赞赏他的成就；

2）给他提要求，如何做会更好；

3）让他总结经验，分享；

4）让绩效最优者带领新人；

5）给他更多的挑战；

6）安排他参加提升能力的培训。

我们发现，很多管理者其实不会与绩效差的成员做绩效面谈。通常是因为管理者忽略了这一点：一定注意对方的情绪，千万不要引起对方的抵触。这需要管理者做到以陈述事实为主要沟通内容，而非批评。

1）与员工核实结果并确认；

2）请员工自己分析原因；

3）询问对上级和公司的期望；

4）让员工发现并分析存在的问题；

5）与员工讨论改进建议；

6）制定书面改善方案；

7）确定改进期限。

如果沟通有
段位

**对照看看
你是哪个段位的
沟通者？**

青铜

倾听
理解

☐ 有一定的沟通意识，希望可以通过沟通解决问题，愿意积极地、坦诚地与对方进行交流；

☐ 能够倾听对方，并能够基本准确地判断对方的情感和思想，但是还需要关注提高换位思考能力，才能够判断出对方深层次的意图。

只有倾听与理解，才能够换来他人真实的想法。很多自认为特别会说话的人，往往是严重的"覆盖型沟通者"，他们实际上并没有通过沟通的第一关，也是最难的一关——倾听与理解。此关难不在技巧，而在"无我"。

白银

开放真诚
传递尊重

☐ 能够基本准确地表达自己的想法并能够意识到表达方式的重要性，努力让对方接受观点；

☐ 能够进行常规的交流，在沟通时态度诚恳、能表现出对对方的尊重。但是对于带有争论性的，甚至是涉及利益冲突的问题，还需要学习更多变通的技巧才能进行有效的协调。

不管你与谁沟通，你是否开放、真诚，是否尊重对方，都能被对方清晰地感知，就像别人与你说话时，你也能get到别人对你的态度一样。每次沟通的开始，对方首先接收的不是你的语言，而是你传递的态度。如果你的态度让他不爽，你的语言就会失效。

黄金

逻辑清晰
切中要害

- 能够简练、准确地表达自己的想法，非常强调表达方式和技巧，能够以恰当的沟通方式让对方接受自己的观点；

- 在表达时不跑题，能够围绕讨论的核心观点，快速让对方理解，并对关键点能够清晰罗列，有条理，有依据；

- 具有较好的个人影响力和感染力，能够在一定程度上影响对方。

钻石

预判潜在需求
因人而异、因事而异

- 能够较为敏锐地判断对方的意图和观点，能及时做出积极回应，使对方能够顺畅地表达

- 对于遇到的争论和冲突，能够有较好的变通意识，会做出适当的让步，寻求折中的方案，而不是过于简单地一味坚持最终导致对立；

- 习惯换位思考，沟通之前总是先站在对方的角度上衡量问题，准确把握对方的立场和想法，揣测对方的关注点，然后再进行针对性的沟通。

王者

善用形式
创造共赢机会

- 具备出色的表达能力和表达艺术，通常是站在对方的角度上阐述问题，能够做到情理并重、恳切真挚，使对方容易理解和接受；

- 具有很强的个人影响力和人格魅力，能够强有力地引导对方、改变对方，使对方心服口服并最终折服；

- 对于发生的争执和冲突，具有良好的灵活性，善于圆融变通，从容地化解矛盾，统一认识、促成理解；

- 能够进行高度复杂的沟通，例如多部门、多主体、多方利益的沟通。

如果你感受过逻辑发散、毫无重点的沟通的伤害性有多大，你就更要珍惜说话逻辑清晰、切中要害的人。

接招时，你能看懂对方没说出来的小心思；出招时，你又能按照对方的性格、站位、阶段，切中对方需求的点。

侵略者玩的是零和游戏，顶级政治家做的一定是正和局。

📍 职场能力成长地图

沟通力

积极心态

客观分析当下问题成因

尽量减少"坏了心情"的因素

情绪"上头"时换时机再聊

对事态发展要看"好"与"坏"两面

有效倾听

倾听的段位

青铜
心不在焉
或无倾听意愿

白银
听到信息、资讯

黄金
听到情绪、立场

钻石
听到意图

王者
听到心智模式、
思维习惯甚至信仰

不要做批评小能手

没等别人说完，你就有了结论，进入全场输出阶段；

没听明白，但也没要求别人说明白；

表面在听，脑子却想着该如何打断，如何解答；

只听了对方说话，没关注对方的情绪，对方已经明显有抵触了，你还在讲道理。

像恋爱一样沟通

对方想表达什么

为什么这么说，他的立场是什么

他想要实现什么

我们能够一起做什么

定期化解员工情绪

敏锐观察，定期沟通

追踪情绪真实原因，沟通时多留白

提醒要控制尺度

满足合理需求

高效表达

说不清楚时向内归因

你到底想说啥（金字塔原理）

高信噪比原则

表达简单化

布置任务五步法

陈述任务内容、意义、目的、关键点

确认对方是否完整接受任务

了解对方的工作方法或工具

请对方估计工作时间与规划

提供资源与指导

高效汇报四步法

明确对方关心什么

观点先行

围绕观点进行事件展开

主动提出解决方案和行动计划

获取支持五步法

Goal: 目标
Incentive: 激励
Finance: 财务测算与评估
Tactics: 实施路径
Staff: 人员配置

合理建议

提建议的四个原则

用建议、提醒代替批评

选择好的时机，及时、适时表达

针对具体事情

不要用暴力语言

👎 **批评**

批评	建议
对人	对事
强调已发生的问题和责任	强调后续的改变及如何解决问题
公开场合	私密场合
没有边界感	双方有一定的边界感

不会关键对话不算真领导

沟通的段位

青铜
倾听、理解

白银
开放真诚
传递尊重

黄金
逻辑清晰
切中要害

钻石
预判潜在需求
因人而异、因事而异

王者
善用形式
创造共赢机会

"沟通力提升" 行动卡片

提升段位

试着听一次自己的发言录音，分析自己在沟通中存在的问题，然后思考：如何提升自己的沟通力？

反复听听更高级别的人如何沟通，他们的段位如何？想想如果是你，还需要补哪些课？

同理心练习

每次开口前，想想对方可能是怎么想的？

想想大家可以一起做什么？

最近一次你给别人提建议或者别人给你提建议是什么场景？用同理心的方式思考下是否有改进空间？

任务布置

思考最近布置的任务是否清晰传达了内容、意义、目的、关键点，如果没有，可以提炼后再次传达；

和下属沟通近期任务计划；

如果你是一线工作人员，可以反向思考自己接收的任务是否需要向上沟通。

高效汇报

尝试模拟汇报近期完成的工作和想法；

看看是否能提炼出观点和结论；

尝试用"为什么、是什么、怎么办、需要的资源、预期结果/目标"思考一下汇报内容。

03 复盘力

持续反思与总结的力量

复盘力

什么是复盘

沉浸思考、形成方法论、改善行动的过程

人们眼中的天才之所以卓越非凡，并非天资超人一等，而是付出了持续不断的努力。一万小时的锤炼是任何人从平凡变成世界级大师的必要条件。

——马尔科姆·格拉德威尔《异类》

一万小时是成功的必要条件，却非充分条件。成功需要的不仅是水滴石穿，而是要搞透水是什么水、石是什么石、滴要如何滴，换种方式，不用滴的行不行。

一万小时定律指的也不是机械性地重复一万小时，而是一万小时的反思与总结，进而更优地达成目标。弹一万遍钢琴曲不可怕，思考一万遍如何弹才可怕。这个沉浸思考，去粗存精，形成方法论的过程，这就是复盘。

一万小时定律

为什么....

伴随总结与思考的一万小时

复盘的本质

"我"才是根源所在，复盘的本质是自我改变

在复盘中，很容易出现的一个现象：复盘时总结分析，归因别人；复盘后行动不达，归于环境，整个事件和自己毫无关系或勉强拉上关系。

如果真正想掌握复盘的精髓，一定要想清楚："**我"才是要复盘的根源**，是复盘的最大心魔。改变从"我"做起，才有复盘的意义，精进自己，才能帮到别人。

无论复盘什么内容、与谁一起复盘、用什么方式复盘，我们都要清楚：复盘的本质是自我改变。

复盘是一个
"常思己过，善修其身"
的过程，复盘的本质是
自我改变！

一个人的观点基本来源于自身认知，但矛盾的是，一个人很难超越"自我认知"。基于"自我认知"的复盘很难让我们真正看清局面。

 为了更好地跳出自我，看清局面，我们需要：

1. 更客观

持续提醒自己，客观公正，跳出世界看世界，抛开个人主观性，抛开固有观点。可以尝试从客户角度、上级角度和他人角度思考问题，换位考虑他人的处境。

2. 靠工具

借助专业复盘工具、专业复盘师的力量来帮助自己或团队复盘。通过工具的植入，降低自我认知带来的局限性，更全面、更结构化地剖析问题。

3. 靠团队

"当局者迷，旁观者清"。复盘不是一个人的独舞，需要借助身边领导、同事、客户的力量，帮助我们换位思考，从价值端看清楚事情的本质。

不要让复盘成为"推卸责任"的代名词

案例：某企业利润明显下滑，公司管理层启动利润下滑归因复盘

销售部　市场反馈产品性能没有亮点，且报价永远高人一筹。

产品部　研发费用投入低，因此性能改进没有实质性进展，且核心组件价格不降反增。

采购部　核心组件采购渠道主要来自海外，国际局势叠加疫情，导致核心组件价格上涨。

复盘结论：疫情原因，利润下滑

显然，以上案例是一个失败的复盘案例，但这种复盘方式在企业里比比皆是。复盘会成了责任推卸会，这样的复盘没能帮助团队找到问题的本质，更没能为企业带来实际的价值，反而会让复盘参与者对复盘本身产生怀疑与抵触。渐渐地，企业丧失了复盘行为和能力，进入机械性做事的状态。

因此，如若企业内部或团队内部想要推进复盘行动，需要关注"理念先行"，团队成员需先清楚地认识到复盘的本质是自我改变，再进行复盘活动，这样的复盘才有意义。

复盘需要准备啥？
先准备积极勇敢的心态！认知先于行动！

壹 心态一：重新认识"失败"，从失败中找答案；
× 持续抱怨、丧、郁闷，却没有改变……

贰 心态二：资源永远不够、时间永远不够；
× 如果多给我些时间，就可以实现……

叁 心态三：想一千步不如走一步，总结经验后，尝试行动；
× 复盘是复盘，行动是行动……

肆 心态四：问题难度远超能力时，拆分问题，把大难题拆成小难题；
× 这是老天也解决不了的问题……

复盘流程

当我们着手进行一次复盘时，我们可以将复盘现场流程分四步展开：

第一步，回顾目标；

第二步，分析问题；

第三步，找到真因；

第四步，转化应用。

步骤 **1**

回顾目标

步骤 **2**

分析问题

步骤 **3**

找到真因

步骤 **4**

转化应用

复盘流程

第一步：回顾目标

回顾目标是复盘的第一步，这一步直接决定了具体复盘什么、问题在哪里。

一、回顾目标

启动复盘时，首先，我们需要停下来，不着急找原因，先放空一下，尝试回顾我们的初心：当初的方向、当初的目标是什么？

当然，这个过程也是在帮我们检验当初目标制定的清晰度与科学性。目标越是清晰，复盘就越容易聚焦；目标越是符合SMART原则，现在复盘起来就会越简单明了。这样，当我们展开复盘时，界定问题才能更聚焦、更清晰、更明确，否则我们的复盘工作非常容易变得发散、没有针对性且无效果。

所以，当有任务时，建议大家尽可能贴近SMART原则来制定可视化的目标。

S	M	A	R	T
Specific	Measurable	Attainable	Relevant	Time-bound
目标必须是 具体的	目标必须是 可衡量的	目标必须是 可实现的	与其他目标 有一定的相关性	目标必须有 明确的截止日期

例如：

2022年某司第五事业部年度目标利润为750万元，实际实现利润480万元。由于目标制定相对明确，问题界定自然相对清晰。

如果2022年公司第三事业部没有相对明确的年度目标，实际结果为500万营收，利润150万，该如何展开复盘？

没有相对明确的目标，就很难界定问题，可能有人关注利润，有人关注回款，有人关注团队建设，很难聚焦分析。而这时就需要团队负责人梳理核心指标，同时团队可以根据部门的实际结果从其他方面来评估，比如：

1. 将结果与公司内部横向对比；

2. 将结果与市场上同类公司横向对比；

3. 了解部门内部工作是否有不利因素，进而做出评估。

复盘流程

第二步：分析问题

分析问题是复盘的第二步，这一步是复盘过程中最"重"的一步，也是决定复盘深度的一步。

二、分析问题

当我们明确了复盘的内容并锁定了相应的问题，接下来就要去分析问题，剖析背后的深层原因。

在分析问题的过程中，归因往往错综复杂，加之这一环节耗时长、易发散、思路容易混乱，参与复盘的人很容易将这个环节变成"吐槽大会"。因此这一步特别需要工具加持，同时也需要有复盘经验的人将复盘内容引导到正确的节奏上来。

在这里介绍几种常见的问题分析可视化工具：

1	**2**	**3**	**4**
鱼骨图法	**人机料法环**	**人事时地物**	**团队共创法**
以鱼骨（大骨、中骨、小骨、孙骨）呈现问题归因	适合为长期任务、系统型问题寻找归因	适合为短期任务、场景型问题寻找归因	适合为问题归因方向明确但深度不够的任务寻找归因
适合与工具 2.3.4 联合应用	**如：利润降低**	**如：年会策划失败**	**如：技术类问题**

工具1: 鱼骨图法

鱼骨图，是由日本管理大师石川馨先生发明的一种发现问题"根本原因"的方法。它采用鱼骨图形，将问题归因可视化、归类化、分层化。用这种图形进行问题分析有两个优点：

一是直观。通过鱼骨把思考过程具象化，分析问题的角度更全面、层次更清晰、重点更明确，让正在复盘的我们思维变得活跃。

二是逻辑性强。鱼骨图分大骨、中骨、小骨和孙骨，可以非常友好地帮助我们呈现出一张思考地图。关于大骨，我们可以运用"人机料法环""人事时地物""5W1H"等方法来分析讨论。

我们可以看到，配合一些工具和方法来应用鱼骨图，效果会更好。接下来，我们将对每一个工具和方法进行探讨，并将这些内容整合成一个丰满的鱼骨图，帮助我们对问题进行深入分析。

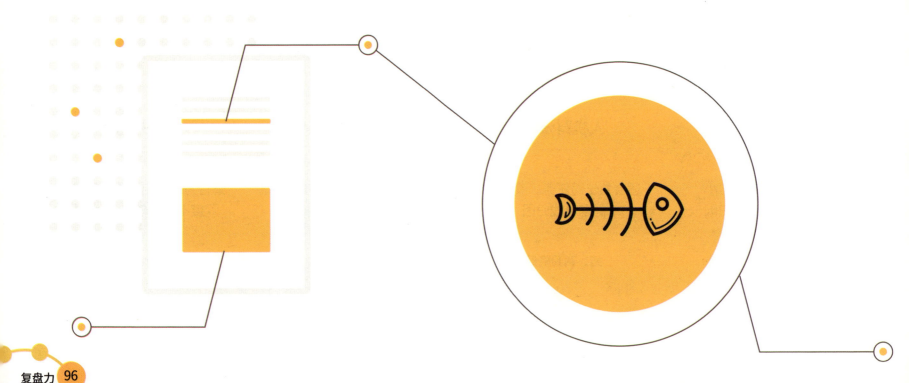

案例：通过"人事时地物"结构，用鱼骨图分析问题

针对"设备停机时间长"的问题分析

中骨：某一方面出现问题的主要原因

小骨：细节问题出现的细节原因

设备

环境

人员

堵塞

未定期保养

脏

校正不良

未校正

有障碍物

灯泡老化

拆卸后未矫正

设备停机
时间长

包装

摆放待优化

强度不够

氧化

隔板

鱼头：需要解决的问题

管理

材料

变形

方法

大骨：问题出现的主要原因

工具 2：人机料法环

"人机料法环"来自全面质量管理理论。此理论总结了五个影响产品质量的因素，包含事件涉及人、场地设备、产品／物料、流程制度、内外部环境五个维度。此方法早期多用于生产体系的问题归因分析，后延展到更多场景。

人　指的是在整个分析事件中涉及的所有参与者和利益相关者，包括实施人、团队、上级、客户、竞争对手等。

根据经验，人在整个问题分析过程中所占的比重是最大的，后边很多问题的分析最终都会或多或少地落实到人的层面上。因此，还可以把人的情况再做进一步的细分，包括人的知识、技能、态度、意愿等。

机　指的是整个分析事件涉及的资源配置，既包括场地、设备等硬件资源配置，也包括公司及上级部门给予的软性资源倾斜，当然也包括实施团队对资源整合及利用的情况。

分析资源配置不利的原因，需要从资源整合的角度去思考，一方面可能是因为上级部门资源倾斜少，比如配备的人员水平能力不足、人数过少，也有可能是我们在工作执行过程中未能有效整合公司资源。

料　指事件中涉及的产品，既包括有形产品，也包括无形服务。可从产品价值、质量、市场占有率、品牌知名度等维度进一步分析。

法　指工作过程中所需遵循的流程制度、工作方法、激励政策等。

环　指工作需面对的内部环境、市场环境和人文环境。不同环境下，所需运用的解决方案是不同的，需要提前加以布局。

　　"人机料法环"可以帮助我们对问题进行系统且深入的分析，了解问题背后各种原因的可能性，并指引我们找到核心原因。这种方法有利于帮助我们形成"先全局思考，再聚焦重点"的思维方式。

案例：通过"人机料法环"结构，用鱼骨图分析问题
针对"检测实验室资质评审"未通过的问题分析

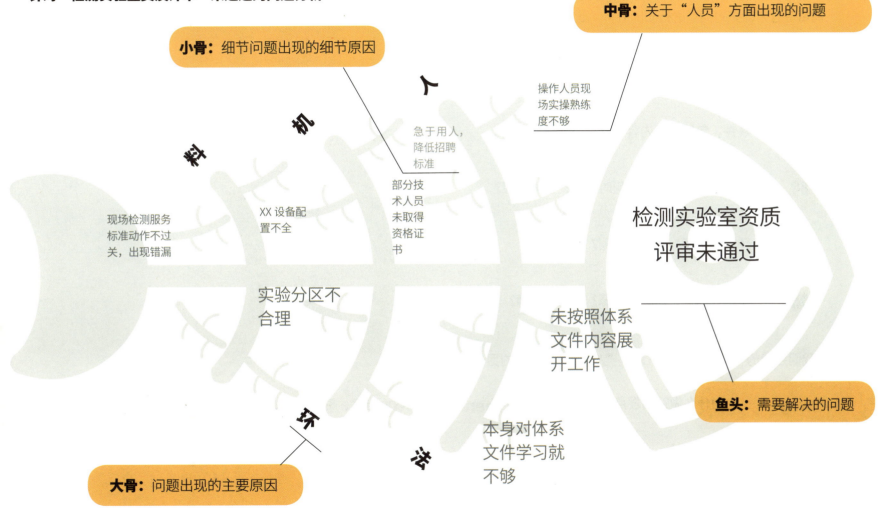

小骨： 细节问题出现的细节原因

中骨： 关于"人员"方面出现的问题

人

机

料

操作人员现场实操熟练度不够

急于用人，降低招聘标准

部分技术人员未取得资格证书

现场检测服务标准动作不过关，出现错漏

XX 设备配置不全

检测实验室资质评审未通过

实验分区不合理

未按照体系文件内容展开工作

环

法

本身对体系文件学习就不够

大骨： 问题出现的主要原因

鱼头： 需要解决的问题

工具 3：人事时地物

"人事时地物"也是常见的鱼骨图拆解方法，从事件涉及对象、事件本身发生的内容、事件涉及时间、事件的环境氛围、事件所需资源五方面来对问题进行归因分析。此方式更适合针对一次性场景型事件分析，如一次面试、一场品牌活动等。

人　指我们所面临的事件的对象，包括"自然人"或"企业公司"。

事　事件，包括事件内容 + 事件性质 + 事件群。

时　时间，例如：多久？何时开始？何时结束？

地　环境，例如：地方？氛围？周边？

物　资源，例如：缺什么资源？有什么资源？

我们熟知的"5W1H"分析方法是"人事时地物"法的另一种表达方式：

why　为什么做？出发点？　　　　**when**　从时间维度、时机维度入手分析

what　找到关键事件　　　　　　　**who**　从人的因素入手分析

where　从环境入手分析　　　　　**how**　从方法、工具的维度入手分析

案例：通过"人事时地物"结构，用鱼骨图分析问题

针对"年会准备混乱"的问题分析

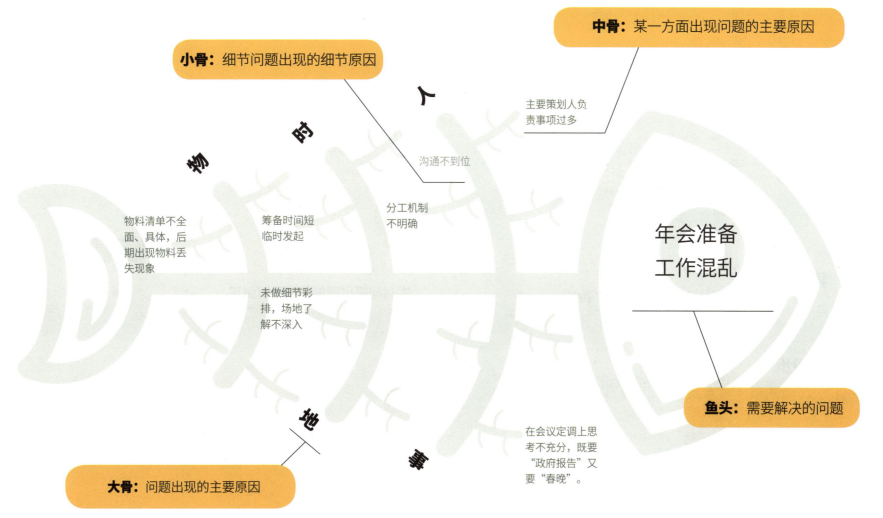

中骨： 某一方面出现问题的主要原因

小骨： 细节问题出现的细节原因

人

时

主要策划人负责事项过多

沟通不到位

物

分工机制不明确

物料清单不全面、具体，后期出现物料丢失现象

筹备时间短临时发起

年会准备
工作混乱

未做细节彩排，场地了解不深入

鱼头：需要解决的问题

地

事

在会议定调上思考不充分，既要"政府报告"又要"春晚"。

大骨： 问题出现的主要原因

4. 团队共创法

"团队共创法"是美国文化事业协会提出的促进团队达成共识的方法，可以帮助队友挖掘潜能，帮助团队达成共识、提心聚力。

第一步 **聚焦问题**
即说明背景和目标；

第二步 **头脑风暴**
针对问题，激发共创成员提出自己的想法、建议；

第三步 **分门别类**
将团队见解进行整理、归纳；

第四步 **达成共识**
引导共创成员走向共识；

第五步 **转化行动**
确定共创会后的行动计划。

团队共创法的实施需要三类重要角色，这三类人可以来自部门内、部门外，甚至公司外部。

「主持人」

开场、内容介绍、活动组织、解说串线、裁判员

「观察员」

探讨问题出现偏差时及时纠正

「引导者」

制造现场氛围，通过不同手段引导现场人员深入思考、充分表达

好的复盘主持人可以大幅提升复盘质量
他们既能做到引发现场深入思考，又能兼顾主张与探寻共识

能够充分地做好准备工作

能够引导、提问、激发、获取、干预、反馈

能将不同观点转化为建设性建议

能够精准澄清、提炼、总结并引导共识

好的复盘主持人能够善用团队资源
发现团队内部"五顶帽子"的角色并将这些角色价值最大化。

价值

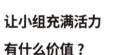

让小组充满活力
有什么价值？

信息

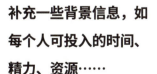

补充一些背景信息，如
每个人可投入的时间、
精力、资源……

风险

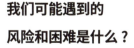

我们可能遇到的
风险和困难是什么？

创意

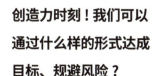

创造力时刻！我们可以
通过什么样的形式达成
目标、规避风险？

感受

所有人
谈谈感受和收获！

复盘流程

第三步：找到真因

找到真因：聚焦重点、解决问题

我们通过鱼骨图、人机料法环等方法分析问题时，会形成十几个甚至几十个关于某一问题的归因，这种情况下，往往需要找出最主要原因。

这时，我们需要完成以下两步：

步骤一：找到主因

A：列执行度、影响度矩阵

将所罗列的归因放入执行度、影响度矩阵（如下图），其中，进入影响度高且可执行度高区域的归因为主因。

B：求助外界

另一种方式是通过场外求助的方式找到主因，比如找到相关经验丰富的专家，由专家筛选主要原因；或找那些知识丰富、经历项目较多、绩效考核优秀、工作年限相对较长、教育水平相对较高的员工进行询问。

步骤二：通过 5Why 分析法找到问题的真因

5Why 分析法，又称"五问法"，由丰田佐吉提出，被丰田汽车公司广泛实践于工作中。它是寻找真因的方法，通过对一个问题连续提问5次"为什么"直至问题的根源被挖掘出来。

关于 5Why 分析法，丰田公司最经典的案例莫过于寻找停机原因：通过五次"为什么"的追问，丰田公司找到问题的根源和解决的方法（具体思考见下图）。后来，越来越多的团队用该方法帮助自身思考问题、解决问题，形成从现象到问题、从问题到归因、从归因到真因的思考习惯。

问题一：为什么机器停了？
答案一：因为机器超载，保险丝烧断了。

现象：解决方案为换保险丝

问题二：为什么机器会超载？
答案二：因为轴承的润滑不足。

近因

问题三：为什么轴承会润滑不足？
答案三：因为润滑泵失灵了。

治标：解决方案为维修润滑泵

问题四：为什么润滑泵会失灵？
答案四：因为它的轮轴耗损了。

问题五：为什么润滑泵的轮轴会耗损？
答案五：因为杂质跑到里面去了。

真因

治本：解决方案为加装滤网

案例：通过 5Why 法找到真因

——为什么年会现场会产生混乱

问题一：为什么年会现场会混乱？
答案一：总指挥过于忙乱。

现象：总指挥过忙

问题二：为什么总指挥太忙？
答案二：分工不明确。

近因

问题三：为什么分工不明确？
答案三：做了分工，但是相关执行者未全面接收指令。

治标：细化分工内容

问题四：为什么相关人员未收到指令？
答案四：因为分工只安排了动作，未说对什么结果负责。例如安排准备 30 人份便餐，执行者就只执行了 30 份便餐，但现场人员增多，执行者未随之增加购买份数。

问题五：为什么执行者只对"动作"负责？
答案五：1）总指挥并未真正明白"分工是一个转移责任的过程"而非"法号指令"；
2）总指挥在选团队成员时，未考虑人员的应急处理能力，或在准备过程中未反复强调"应急处理的重要性"。

真因

治本：分工过程强调转移责任而非转移动作

复盘流程

第四步：转化应用

转化应用：复盘过去是为了规划未来

通过用 **5W1H 结构化**的思维方式来制定行动计划，可以帮助我们更有效地执行工作，从而提高效率。

what
做什么

即明确工作内容，说清楚做什么，进而提高工作效率，降低沟通成本。

why
为什么做

即明确工作的初心、目标及可行性。激发团队力出一孔，就目标达成共识，进而激发团队动力和创造性。

when
何时做

即明确工作任务及子任务的时间计划和关键里程碑，进而后期可以对进度、资源、团队进行有效管控与评估。

where
何地做

即明确工作计划的实施地点和环境氛围，了解有哪些环境限制条件，以便我们提前提出解决预案。

who
谁去做

即明确有哪些人参与，每个阶段谁组织、谁负责、谁参与、谁协助，每个阶段有哪些利益相关者，他们更看重什么。

How
如何做

即明确工作标准、流程以及配套政策。

复盘工具：复盘画布

主题：
时间：
地点：
参加人：

1. 回顾目标	**2. 分析原因**
当初的目标是什么？目标要尽可能贴近 SMART 原则。	（没）达成目标的关键因素是什么？

界定问题

哪些小目标或关键节点出现问题或者需要总结经验？

事件 / 活动的概况描述：

总结真因	4. 转化、应用
聚焦重点、解决问题： 成功的关键因素或失败的根本原因是什么？	请列出详细的行动计划。

复盘案例

主题： 时间： 地点： 参加人：	事件 / 活动的概况描述：		
1. 回顾目标 **界定问题**	**2. 分析原因**	**3. 总结真因**	**4. 转化、应用**

复盘画布案例解析

主题：紧急业务成单工作复盘	事件 / 活动的概况描述：
时间：202× 年 ×× 月 ×× 日 地点：会议室 参加人：李晨 蒋小方 王洁	紧急接厂家要求，需要在一日内完成业务成单（签单和开证），经过协调与努力，顺利完成任务。

1. 回顾目标	2. 分析原因	3. 总结真因	4. 转化、应用
高效成单 解析：这里目标的设定不符合 SMATR 原则，建议增加这样的表述：1 日内（时间）完成从结单到开证的全流程操作（可衡量）。 **界定问题** 在要求时效内顺利成单 解析：同样，这次复盘的初心 / 界定复盘想要达成的目的，是想归纳总结"是什么原因导致最终实现了在要求时效内顺利成单"，从而固化流程，形成组织经验。	人　1. 商务业务专业度高； 　　2. 厂家、银行积极配合； 　　3. 财务、行政配合度高。 事　1. 下单紧迫； 　　2. 材料准备繁琐； 　　3. 保证金需及时缴纳； 　　4. 银行审批流程长。 时　1. 压缩 80% 时长； 　　2. 操作节点安排环环相扣。 地　1. 高压环境、紧张氛围； 　　2. 容错率低。 物　1. 公司资金池保障； 　　2. 银行授信额度保障。 解析：这里分析的是成功的原因，所以因素"地"的"高压环境、紧张氛围"不是原因，而更像是背景。	1. 商务操作流程清晰，操作人员实操经验丰富，熟悉业务，专业度高； 2. 内外部人员配合度高； 3. 负责人统筹能力好； 4. 材料齐备。 解析：用好"5 问法"，从表象一直挖掘到真正的原因，才是这个环节成功的体现。"内外部人员配合度高"是表象，还需要再追问"配合度高"的原因是什么。	1. 每周一次业务复盘，梳理统筹方法，总结统筹经验，形成建议流程； 2. 员工"备岗"培养； 3. 商务操作流程制作成流程及操作说明，向新员工进行培训； 4. 常备制式资料，多人复核； 5. 建立合作关系维护机制。 解析：转化应用是为了真的将复盘所得落地。因此，这里罗列的应该是接下来我们具体要做什么，比如具体行动计划要有时间、动作、责任人和协作人等要素。

复盘画布案例解析

主题：财务基础工作时间长且烦琐 时间：202×年××月××日 地点：会议室 参加人：史冰　葛雪　李白　张茜	**事件/活动的概况描述：** 财务部最近 3 个月频繁出现加班情况，导致部门内部工作士气降低，员工表示如长期下去将无法承受。

1.回顾目标	**2.分析原因**	**3.总结真因**	**4.转化、应用**
发现加班原因，解决问题，提高工作效率，缩短工作时间。 解析：究竟怎样的工作时间是可以被财务部接受的？是每个月的加班天数不能超过 1 天还是 10 天？是当天加班时长不能超过 2 小时还是 5 分钟？每个人对加班的接受程度是不一样的，一定要界定好。 **界定问题** 基础工作时间长 步骤烦琐 解析：复盘时间有限，本次复盘究竟要解决什么问题呢？"步骤烦琐"已经是财务部加班的原因之一了，而不是问题。	1. 人手不足； 2. 财务系统及ERP系统不完善； 3. 工作流程：内部分工不合理，外部对接不流畅； 4. 新员工较多，财务内部沟通效率低，工作环境不够放松； 5. 公司业态较多，运营模式不同。 解析：表象原因的说明也尽量具体一点。例如：是哪个岗位的人手不足？出纳还是会计？	1. 没有建立部门内部沟通机制，团队建设不够； 2. 缺少有效的外部沟通技巧； 3. 没有形成完善统一的财务工作处理体系和流程。 解析：真因 1 和真因 2 的再深层原因都是沟通问题。而真因 1 其实有两个原因：沟通机制和团建不够。 这里的真因还是停留在表象原因的层面。	1. 定期开展团队内部沟通会，例如一对一沟通和团队交流会； 2. 定期组织关于提高个人沟通技巧的培训； 3. 梳理基础工作，形成规范指导手册。 解析：既然是行动计划，我们要确定具体动作计划。转化应用 3 的"梳理基础工作，形成规范指导手册"具体的时间安排是什么，阶段性的工作方向是哪些内容？

复盘画布案例解析

主题：资质评审中出现的不符合项复盘 时间：202×年××月××日 地点：会议室 参加人：李杰　王涵　张毅	**事件/活动的概况描述：** 申请 ×× 资质，未通过审查，现总结原因，查漏补缺，力争下次达标。

1.回顾目标	2.分析原因	3.总结真因	4.转化、应用
通过资质评审 **界定问题** 出现不符合项的原因	人　1. 人员工作经历不符合开展工作的需求； 　　2. 人员实操不熟练； 　　3. 部分技术人员未取得职业资格证书。 机　1. 设备配置不全； 　　2. 实验室分区不合理。 料　1. 所出具的合格信息不完整； 　　2. 现场检测服务质量不好。 法　1. 未按照公司体系要求开展工作； 　　2. 体系文件内容不完善。 环　1. 实验室环境监测不符合要求； 　　2. 未能协同好实操场地。	1. 设备配置不全，无法满足某些地区对于监测的特殊要求。 2. 部分技术人员仅在公司内部进行培训上岗，但未取得正规要求的技术资格，在后期的工作中存在一定的风险。 3. 未按照体系文件要求开展相关工作，导致不符合相关规定。	1. 查找符合标准要求的设备，比较后，申请购买。 2. 培训负责人观察行业内培训机构的培训计划，报名参加，并取得职业资格证书。 3. 公司进行全面的内部审核，查出问题所在，制定纠正措施方案，内审人员跟踪验证结束后，对全体人员进行体系文件的宣贯。 解析：既然是行动计划，我们要确定每个行动的负责人和协作人是谁。不然，有可能复盘结束了，但没有人推进改进工作。因此，一定要写上"谁"来负责查找符合标准要求的设备，"谁"来申请购买。

复盘画布案例解析

主题：销售业绩未达成目标复盘 时间：202×年××月××日 地点：会议室 参加人：刘柳　赵园　李威　王杨	事件/活动的概况描述： 分析业绩不达标的原因和应对措施。

1.回顾目标	2.分析原因	3.总结真因	4.转化、应用
2022年销售目标：1000万元。 **界定问题** 完成800万元，未完成200万元。	1. 生产发货人员不足； 2. 产品价格高，新品少，种类少，无核心技术，缺少竞争力； 3. 规章制度比较烦琐，影响效率； 4. 大客户、新客户不足，缺少开发渠道； 5. 市场经济下行； 6. 个别产品推广力度不足。	1. 订单被动，缺少总协调人； 2. 产品特色不明确； 3. 缺少大客户开发渠道； 4. 代工产品量少，计划分散，成本高。 解析：销售问题复盘，通常很容易将责任推给产品，"产品没特色""产品价格高"……然而，如果产品十分完美、容易卖掉，还要销售部做什么？以上这些"真因"，到底有几个是销售不达标的"真正的原因"？	1. 明确或招聘总协调人； 2. 明确产品定位，确认产品经理； 3. 调研收集市场信息，制定大客户开发计划； 4. 合理规划产品需求量，集中批量采购，降低综合成本。

复盘画布案例练习：请你对照本章的复盘步骤，逐个检验以下案例存在哪些问题。

主题：会议筹备中加强沟通的复盘 时间：202×年××月××日 地点：会议室 参加人：李国　王俊　张欣　张佳	事件/活动的概况描述： 行政部负责筹备本年度工作总结暨表彰大会，行政部会后对本次会议进行复盘。

1.回顾目标	2.分析原因	3.总结真因	4.转化、应用
会议筹备期间，工作人员职责清晰，便于活动的顺利开展。 **界定问题** 加强沟通，避免因分工不明确导致筹备过程中出现慌乱的情况。	1. 缺乏更加完善和详细的沟通策略； 2. 需要制定任务模块负责人，确认其理解工作的任务； 3. 丰富预案内容，进一步优化细节。	1. 避免混乱，安排工作筹备小组应设置大组长小组长； 2. 关键环节应做好提前准备，控场节目备用。	1. 确认组员充分理解和接受工作的任务； 2. 启动不同阶段的调度会议沟通，各模块推进进展； 3. 制定冲突发生事件应对预案。

复盘组织者注意事项

「组织复盘」

有经验的引导者担任主持人：提高对话质量，兼顾主张与探寻，引发深入思考

1. 组织和准备（议题、信息数据、工具方法论、心态）； 🛈 关键步骤
2. 引导、提问、激发、获取、干预反馈；
3. 将冲突、不一致的意见转化为建设性的创造；
4. 澄清、总结、提炼并记录形成共识的观点；

复盘前	复盘中	复盘后
心理准备：平常心、同理心、不辩解 行动准备：提前与相关人沟通、寻找归因 环境准备：环境、氛围、时间	创造氛围 掌握工具 集中精力 控制时间	协助落实 跟踪推进

关注我们，获取本页PDF；扫描小程序，试试更系统的测评 →

超级团队　　职场测评

复盘力测评

你可以做做这个小测试，看看自己的复盘能力。

以下是针对管理人员的合理建议测评。请根据下列描述为自己评分，其中1～5分分别代表"完全不符合""比较不符合""一般""比较符合""完全符合"。

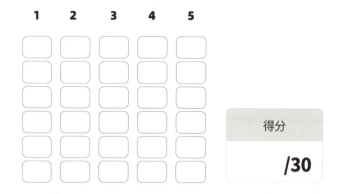

复盘时，我能抛开个人主观性，打开自我，跳出自己，审视整个事件的始末。

我知道如何从客户角度、领导角度和其他同事角度看清本质。

在复盘时，我能清晰地提出和表达需要解决的问题。

我知道常用的问题分析工具，并将复杂问题拆解分类。

我会用访谈、问卷、观察等方法验证问题的主因。

我会对复盘后的行动制定行动计划。

得分

/30

自测解读

如果测评分数小于19分，则需要注意自己的复盘力。

复盘力

什么是复盘

伴随总结与思考的一万小时

复盘本质： 自我改变

复盘过程：跳出自我
1. 旁观者角度
2. 借助外力，剖析自我
3. 团队力量

复盘画布

主题：时间：地点：参加人：		事件/活动的概况 描述：		
1.回顾目标	**2.分析原因**	**3.总结真因**	**4.转化、应用**	
界定问题				

复盘流程

01 回顾目标

- **S** Specific：具体的
- **M** Measurable：可衡量的
- **A** Attainable：可实现的
- **R** Relevant：之间相关性
- **T** Time-bound：有截止日期

02 分析问题

鱼骨图法

人机料法环
人 机 料 法 环

人事时地物
人 事 时 地 物

团队共创法

主持人
开场、内容介绍、活动组织、解说串线、裁判员

观察员
探讨问题出现偏差时及时纠正

引导者
制造氛围，引导现场人员深入思考，充分表达

步骤
聚焦问题
头脑风暴
分门别类
达成共识
转化行动

🎩 价值
👒 信息
🧢 风险
🧢 创意
👒 感受

03 找到真因

影响度高
可执行度低   💡「主图区」   可执行度高
影响度低

现象
近因   治标
真因   治本

04 转化应用

what
做什么

why
为什么做

when
何时做

where
何地做

who
谁去做

How
如何做

"复盘力提升" 行动卡片

分步检查自己的复盘结果—回顾目标

回顾目标是否足够具体、可衡量、可实现?

回顾目标是否与其他目标有一定的相关性?

回顾所定目标的截止日期是否科学?

使用问题分析工具

绘制一个鱼骨图,清晰的标明鱼头、大骨、中骨和小骨;

用"人机料法环"对问题进行归因;

用"人事时地物"进行归因;

与团队一起,尝试"团队共创法"。

主因能力练习

对问题用"5why法"进行刨根问底;

分析近因和真因,并找到治本方法。

进行一次自己近期发生的事情的复盘,并绘制一个复盘画布

需要包括以下四部分内容:

1.回顾目标;

2.分析问题;

3.找到真因;

4.转化应用。

04 识人力

成为伯乐，发现千里马

识人力

作为管理者
选对人是你最重要的工作

当你只用 20% 的精力选人，
你就会消耗 80% 的精力去弥补选错人造成的损失

不管你是"老炮"还是"菜鸟"
你都有极大可能因为选错人而交过学费

选人常见的五个大坑，看看你跳过哪些？

 感情锚固

熟悉人作参考 | 记忆遗忘曲线

用自己熟悉的人作参照来判断应聘者，进而无法看清应聘者的真正优劣势。

 先入为主

首因效应

根据第一印象对候选人进行判断，并主动寻找各种信息来支持自己的观点，不轻易改变自己的第一印象认知，最终导致选错人。

 相似效应

个性特征 | 价值观相近

选择和自身特点、价值观相似的应聘者，组织克隆团队。

 刻板印象

名牌效应 | 性别、年龄、学历、印象

名校、名企、名人一定强，女性对工作的投入度一定少于男性，年纪大的缺乏创新能力；低学历的人的智商与思维能力较差等。

 羊群效应

从众心理

决策时，从众、随大流、不发表不同意见。

你才是"选对人"的第一责任人，HR是重要的资源和渠道

管理者是"选对人"的第一责任人

选对人与做成事息息相关，把控"选人"结果才能打造高效团队。

"严进"严出

以高于团队平均水平的标准选人，宁缺毋滥。

"找对人"才能做更多"对的事"

优先找对人，优秀的人可以让团队做出更多对的事情。

招聘决策不可授权

找人有风险，不能让他人替你做决策。

 ### 管理者选人的四大误区，千万别进！

❌ 误区一：招聘是 HR 的事，管理者只要等就可以。如"人招不到，HR 业绩完不成"。

❌ 误区二：急用人时，降低招聘标准。如"勉强让他入职吧，有人干活就行"。

❌ 误区三：做业务重于招人。如"我没时间面试，你们帮我面吧"。

❌ 误区四：在面试决策上放权。如"人招得不对，所以业绩完不成"。

对于"选对人"来说，最重要的是什么?

 想清楚需要什么样的人?

NO

 给增加人一个合理的理由?

YES

大多数公司用 20% 的精力招聘，却用 80% 的精力弥补错误招聘造成的损失。当您招到一个不合适的人，除了表面的人力成本，还会有机会成本、培养成本、时间成本等看不见的损失。因此，作为管理者，您需要承担人才流入的质检员角色和企业形象代言人角色。在招人前，管理者需要对以下三个问题有清晰的答案:

1. 此岗位要解决什么问题?

2. 招聘到此人，能否解决以上问题?

3. 能不通过招人解决此问题吗?

如果，您对以上问题的答案是模糊的，建议您延缓招人，因为每一个新人入职都需要大量的精力、物力、情绪的投入。

您以为您雇佣的仅仅是一双手，实际上您招来的是一个人!

"选对人"之前的课题是，到底"要不要选人"。

找到具有三项特质的人

责任心、学习力、沟通力，是你选人的标配

责任心

学习力

沟通力

在选人识人时，登录招聘网站，浏览岗位描述，你会发现一个现象：出现频率最高的 3 个词，分别是责任心、学习力和沟通力。在工作过程中，你也会发现，这三点没了哪样都不行，缺任何一点，在以后的工作中都会出现硬伤。所以我们选人一定要满足这三个特质：责任心、学习力和沟通力！

责任心不是看能力，而是看态度

先说责任心。不同企业对责任心的理解不一样，不同人对责任心的理解也不一样。大家把所有美好的词汇，如敬业、目标感强、工作投入、勤奋、忠诚等等，都扔到责任心这个大框里。这样就会导致我们对于一个人是否有责任心，产生不同的判断标准。

在企业里对责任心的解释是什么呢？如果我们去评价一个人是否有责任心，我们去看什么呢？

首先，**看责任心不是看能力，而是看态度**。不是说我是否完成了这个工作，而是我用什么样的态度完成工作。

考察员工责任心时，可以从两方面入手：

一方面是看看员工面对超出工作标准额度时的工作态度，也就是当其偶尔面临超额工作量的时候，他的态度是否仍然正向，是否仍然还坚守原有的工作标准。

另一方面，是当员工面对无法量化的工作，即别人没有办法监督这个事做得好不好时，他的责任心是否依旧在线。面对无法量化的工作时，仍然用相应的标准完成，这就是所谓的慎独。越是难以衡量结果的工作、越是需要自主性的工作、越是难监控的工作，越需要责任心。

当我们了解了责任心的内核后，我们就可以通过 STAR 面试法来评价一个人有没有责任心了，当然，要时刻掌握 STAR 面试法的精髓——**追问与细节**。在面试提问时去设定一些需要加班的工作场景、难以定量评价的工作场景以及难监控的工作场景，进而判断候选人的表现细节。

工作态度

超额超量工作后

这个世界很大
我想去看看~

不被监督工作时

只要心里有海，
哪里都是马尔代夫

文盲不是不认字的人，而是没有学习力的人

学习能力对于应聘者来说是至关重要的评价要素，因为学习力是帮助职场人创造更多能力的基础能力。阿尔文·托夫勒（世界著名未来学家）说过："未来的文盲不再是不认识字的人，而是没有学会怎样学习的人。"

所有高创造性工作、高职位工作、重责任的工作、高成长性的工作，无一不需要高学习能力作支撑。

企业会从成本效率因素考虑，选择最高效的方式判断员工的学习力。

比如：

应聘者是哪个学校毕业的？

应聘者的毕业成绩？

应聘者的补充学习经历？

应聘者的行业 / 专业最新信息洞察？

应聘者的逻辑笔试成绩？

……

我们也可以从更多维度判断应聘者的学习能力。美国哈佛大学 W.C.Kirby 教授在其出版的专著《学习力》中，定义学习力为包含"学习动力、学习态度、学习方法、学习效率和创造力的一项综合能力"。

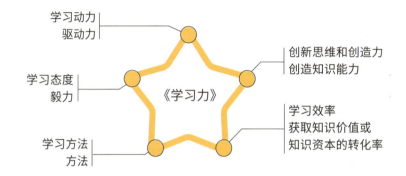

综合以上五个维度，我们可从细节入手判断应聘者的学习能力。

比如：

应聘者是否真正认为自己在某些领域仍需要学习？

当遇到学习卡点时，应聘者的学习意愿是否有持续性？

应聘者有哪些学习方法？

应聘者最近新学的可应用于工作中的工具有哪些？

学习帮助应聘者创造过哪些实打实的价值？

……

沟通：听到关键，说到重点，照顾感受

第三个重要能力是沟通能力。在整个面试过程中，一个人沟通能力的好坏会得到很充分的体现。

在面试过程中，我们可以清晰地感受到面试者有没有良好的倾听能力，有没有倾听意愿，在容易产生歧义的地方，是否有意识去做更深入的诠释来填补这些缺陷。

其次，我们还可以观察他能不能把意思表达清楚，有没有逻辑性，有没有重点，能不能把语言组织好，这些都是观察要素。

第三，在他能做到倾听到位、表达清晰的基础上，还可以观察他是否在沟通中足够关注别人的感受、理解对方深层次的需求。

这些方面都是识别面试者沟通能力的识别点。

实战应用：试用期拆书呈现任务

在职场中有一个很重要的识人环节——试用期。

试用期是对你面试判断的一个印证，你需要设置各种试用期任务，再一次去评价新人的责任心、学习力和沟通力。

比如，我们公司所有新人入职后，在试用期都会有这样一个环节：拆书呈现任务。

我们会给试用期同事五天时间读一本书，把书的内容拆解透，再做一个内部分享。

什么是五天拆书分享呢？首先，这五天他是有正常工作的，这说明这个任务的时间比较紧凑。通过他拆书的认真细致程度，可以去判断他的责任心。

在他拆书成册并形成 PPT 的过程中，可以看出他的逻辑是否清晰有条理，有没有归纳总结能力、快速学习与转换应用能力。

从 PPT 的设计中，还能看出他的细致度和美感。

在他做现场 PPT 分享的过程中，可以看出他的表达能力和交互能力：他能否把这个 PPT 的重点表达出来，表达得是否清晰？我们在跟他互动的时候，他如何理解我们的问题并回答，他如何把这本书的亮点卖给我们……

所以我们基本上可以通过五天拆书呈现的任务对选择的新人进行再判断，再印证。

实战应用

很多公司评价面试者的责任心、学习力和沟通力时，会有一些精巧的面试设计，具体的提问方式可以通过 STAR 面试法来展开，这些问题基本上能够实现对面试者三种能力的基础判断。

责任心、学习力、沟通力面试参考题板	责任心	学习力	沟通力
您的职业目标是？ 举例说明，您为工作做过的最大的努力或牺牲是什么？	目标感 事业动机	学习动机	语言表达
举例说明，您与同事在工作中出现矛盾时，您如何处理？ 举例说明，您之前工作面对过的最大压力是什么？您如何处理？ 您从中学会了什么？	处理问题的方式	经验学习	站在他人角度考虑 冲突沟通 压力沟通
如何看待 ×× 行业的发展 /×× 事件 ?(专业领域皆可替代)		自主学习 信息迭代	语言整合与表达

寻找高潜人才

30岁+15职级×2年/级

按照这个节奏，一路顺风顺水的话

60岁你就当上总经理啦!

大公司为什么都会做"高潜人才计划"？

在超级大厂里，一般三年升一级，但有些人能一年升一级。这些可以"坐电梯"快速升职加薪的人，大概率是高潜人才。华为和阿里每年都有破格提拔的人，而且专门规划高潜人才成长路径。以大厂为例，假设全公司有 1～15 个职级，普通人 2～3 年升一级，升到头也要 30 多年，按 25 岁上班开始算，到高管层就要五六十岁。因此，大厂专门寻找、培养那些有潜力一年升一级高潜力人才，并做好高潜人才规划，不然他们要么面临管理队伍老化的危机，要么承担空降管理者水土不服的风险。

创业公司为什么愿意选"高潜人才"？

创业公司很少一岗一职，它们更多需要的是多面手，即能充当多个角色，解决更综合的问题。黄金螺丝钉型人才是创业公司典型的用人需求画像，而高潜人才具备做黄金螺丝钉的特质。

显然，高潜人不论是在大厂还是创业公司，都会闪闪发光。因此，选择并培养高潜人才，成为很多企业的重要管理议题之一。

什么是高潜人才?

简单地说具备以下特质:

具备强同理心,能够充分换位思考;

有较强的三商,包括智商、情商、逆商;

在所覆盖领域,要么够专业,要么学习力强。

什么是同理心?

同理心指的是换位思考的能力,是让自己保持客观的能力,是能够超越自身立场、把自己置身于别人的立场去推演别人思考的能力!

如何评判对方的同理心?

你可以找一个在生活或工作中与对方有对立面的人或事作为话题跟他聊天,看看他能不能讲清楚并理解对方的处境、立场和观点,是否能够推断出对方为什么有这样的举动或观点。要聊到深处、聊到细节、聊到情感才有效哦!

怎样培养团队成员的同理心?

抱歉,同理心是很小的时候形成的,是不可培养的,不要指望招一个人后期培养。是否有这种能力更多取决于小时候家庭环境是否有安全感、平等感和信任感。

不具备同理心的人不能招?

当然可以招,招进来做一些不是很重要的工作是可以的,但重要工作岗位是坚决不合适的。

什么是真正的高情商?

职场高情商不是"揣摩人心、不喜形于色、委曲求全、过于灵活、巧舌如簧",这些很容易被误以为高情商的表现,其实都不算。

高情商通常体现在人性最美好的特质中,比如尊重、友善、真诚、专注、敬畏心、谦卑心、正确的自我认知与归于内因的思考方式。

职场中的高情商更多体现在一个人的情绪管理能力中,这是职场人的必备能力。如果你的同事不能对自己的情绪负责,他所有情绪波动都是由外界引发的,他的情绪管理词典里只有两个词,一是失控,二是无力,你愿意与他共事吗?职场一定要招心理上的成年人,因为成年人能够控制自己的情绪。

如何评判对方的职场情商?

你可以仔细观察,高情商的人有一些基础特质:在沟通表达时,不急不躁、不卑不亢、逻辑清晰、自然大方,他们有很强的情感适应性,不会因为外部环境的变化(压力)而产生情绪上的失控,在面试环节加入压力测试,是判断情商最高效直接的方式。

我们一定要选高情商的人吗?

要将对的人放在对的位置,才能产生效能。比如管理岗位就很需要情商高的人,但做独立的研发项目,情商高的人未必就比情商低的人先出成果。

什么是"职场智商"在线?

职场智商体现的是一个人的客观性和自我反思能力。一方面,他能否客观地看待事情;另一方面,曾经做错过事情,再一次做相似决策时能否做到有依据、有反思、有改善。

如何判断对方的职场智商?

这个测试并不难!你可以和对方聊聊他比较笃定的信条或原则,问问他坚守的原因:是深度思考过,还是来自性格上的执拗?有的人看起来特别有自己的原则,但有这样一句话:没有经过怀疑的信仰叫迷信。不要招过于迷信自己观点的人共事,因为沟通成本很大,你会很累。

你也可以跟对方聊聊,看他最近有没有经历过什么遗憾的事情,真正智慧的人在回望自己做的有遗憾的事情时,是能找到有助于未来的养分的。他能够分析出是什么原因让自己当时做出错误的决定,并吸取教训,让自己以后做类似决定更加准确。

智商和情商哪个更重要?

智商是基础,情商决定一个人能走多远。

如何判断对方的职场逆商？

和他深聊一次过往的失败合作，听听他是把失败原因归结给别人还是归结到自身。一个面对失败把责任推脱到别人身上的人，很难做到抗压；而面对挫折与失败，归因于内部，是逆商的初级阶段，起码这个人是个负责任的人；高逆商的人在归因自身的同时，还会通过毅力来塑造自我，改变事情的走向与结果，因为高逆商的人相信自己能掌握结果。

通常逆商高的人都会有很强的毅力，他们会规划未来并坚持塑造自己。如果你想找到这类人，可以问问对方的flag是什么，关键要看他每天花多少时间投入他的flag上。

识别高潜人才的六个问题：

1. 聊聊对立面的人或事（观察点：站在对立面思考问题的能力）；

2. 聊聊对方的行事原则或信条（观察点：深度逻辑思考还是性格执拗）；

3. 聊聊对方过往的遗憾（观察点：能否提炼出帮到未来的养分）；

4. 聊聊一次失败的合作（观察点：向外归因还是向内归因）；

5. 聊聊对方的人生规划或 flag（观察点：转化成日常的行动和习惯）；

6. 做一次压力测试（观察点：情绪控制）。

如何判断对方是否够专业？

与足够专业的人沟通时，他们懂得如何简单道明深意。真佛只说家常话，当你表现出难以理解时，越专业的人越会深入浅出，越有耐心。相反，专业水平没那么强的求职者则更会愿意用一些晦涩的词以显示其专业性。

我们可以通过以下**五种方式判断对方的专业性：**

1. 问"专业度"，看对方能否准确描述自己的专业优势，而不是爱好特长；

2. 问"成长性"，了解对方的专业提升路径是否合乎常理；

3. 问"深入度"，看对方是更加专注于某一垂直领域还是"多管齐下"；

4. 问"带徒弟"，专业水平强的人会知道用什么办法告诉不专业的人如何提升；

5. 问"市场价"，专业水平是市场对价的硬通货，专业水平低的人很难要到高价，专业水平高的人也很难被砍价，因此过往市场价是重要评估要素。

最后切记，业务技能的甄别必须获得专业人员的支持。

六步成为金牌面试官

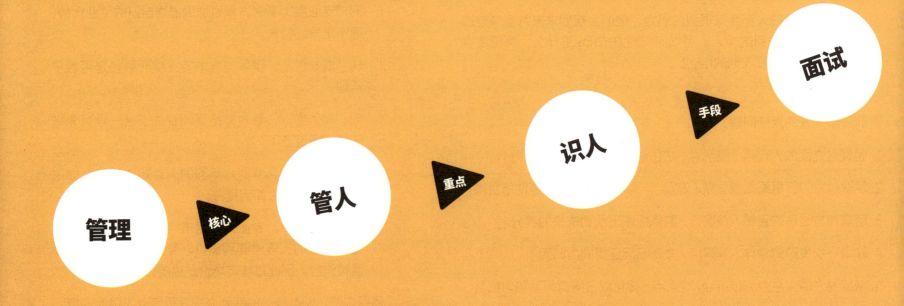

管理 核心 管人 重点 识人 手段 面试

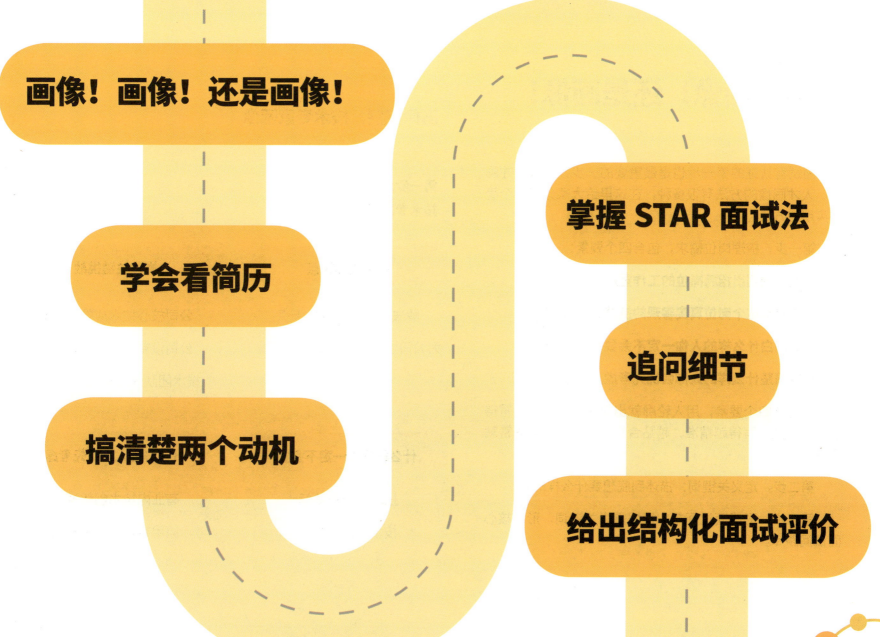

画像！画像！还是画像！

学会看简历

搞清楚两个动机

掌握 STAR 面试法

追问细节

给出结构化面试评价

面试官认证第一步：
画像！画像！还是画像！

面试官认证的第一步也是最重要的一步：描绘人才画像。人才画像的方法有很多种，在这里给大家分享一个简单实用的方法。

第一步，梳理岗位需求，包含四个要素：

1.清晰地列出招聘岗位的工作重点；

2.描绘出这个岗位真实客观的挑战；

3.要明白什么样的人你一定不会要；

4.想清楚什么样的人你会优先考虑。

抓住这四个要素，用人轮廓就出来了。这里不能写得模糊、粗放，写得越精准、越贴合实际，给后面埋的雷就会越少。

第二步，定义关键词：描述到底想要什么样的人。

第三步，形成面试画布：根据需求关键词，形成核心面试问题库。

画像案例：技术专家画像

第一步：
技术专家岗位需求梳理

岗位工作重点	岗位关键挑战
解决大型项目技术卡点 为公司生产线的智能化升级提供技术支持	公司核心技术成熟度不够 公司没有技术梳理和留存 技术团队人员素质参差不齐

什么样的人一定不会要	什么样的人会优先考虑
技术能力不达标 技术迭代能力差	有业内技术创新案例 原甲方行业技术专家

第二步：

定义技术专家岗位需求关键词

推演我们到底要什么样的人
具备解决问题的能力
勇于创新变革
自身追求卓越
自我实现

第三步：

形成技术专家面试画布　岗位名称：公司技术专家

考察指标	核心问题	备选问题
解决问题	在项目技术存在卡点时，是如何解决问题的？	请谈谈你拓展新市场的经验，举例说明。
创新变革	面对行业不断变化的新技术，你是如何学习并引进新技术的？	你是如何指导技术团队了解和学习新技术的？／你推出过哪些技术创新举措来迭代现有技术？／请描述你在工作中用新技术解决问题的一次经历。
追求卓越	你是如何带领团队、突破自我、实现更好的技术水平的？请举例说明。	当项目要求技术水平较高，对你和团队都有挑战性时，你如何完成项目？
自我实现	你对自己的技术能力有什么要求？	在什么情况下你会离开公司？

面试官认证第二步：
学会看简历

第二步很基础也很重要，就是你要能快速地看透一份简历。每个人都会有自己写简历的方式，有的人简历很简单，有的人愿意写两三页简历。而当你看到若干简历的时候，你要明白你的关注点在哪里。这里推荐六个要点。

1. 关注求职意向。 这一点关系到候选人是否能够入职，是否与工作匹配，后期是否能够有驱动力去工作。

2. 关注工作经历。 要把握候选人工作经历的重点，比如他工作的衔接时间、他每段工作的时长、他这个工作经历解决了哪些问题。同时，把握候选人的职级、职位和汇报对象，这一点会告诉你他能解决什么层面的问题。

3. 关注学习经历。 一个人的学习力是他的基础设施建设，能够影响他走多长、走多远。为什么很多企业愿意招名校生？这不是有什么偏见，而是用最快的速度找到学习力强的人。

4. 关注团队的下属人数。 如果候选人带团队的话，他的团队的下属人数是？因为带1个人、5个人、10个人、30个人、100个人……对他的能力要求差距是极大的。

5. 关注薪酬待遇。 候选人的期望薪资和我们的现状是否匹配。

6. 关注兴趣特长。 如果你有额外的时间也要看一下，这也非常的重要。因为兴趣特长可以从侧面看出他是否有毅力，是否愿意坚持去做一件事情。

以上就是我们快速看简历的要点。当然，做一个好的面试官肯定不止于此，你还需要有一个很好的面试过程。

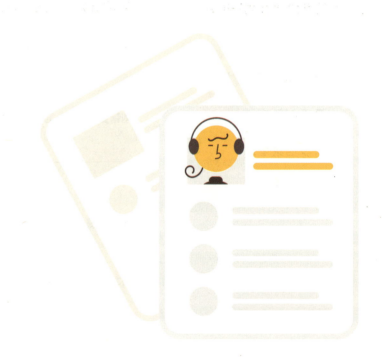

搞清楚两个动机

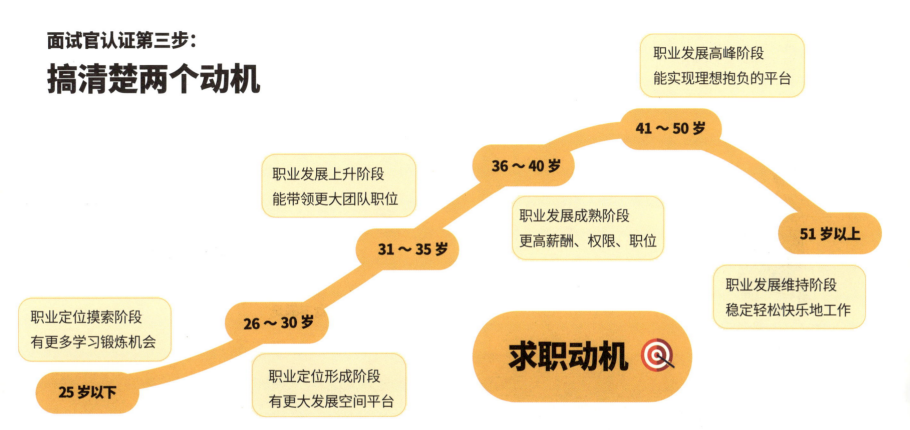

在整个面试过程中，通过和候选人的沟通以及对他的判断，你需要清楚地识别出他的求职动机，并给予匹配。

比如：25岁以下的求职者，他可能非常关注学习锻炼的机会；26岁到30岁的，他会想知道他的职业发展空间是什么；31岁到35岁的人，他会想知道自己能有多大的空间去带领多大的团队完成工作；在36岁到40岁这种最尴尬的年龄，求职者肯定是会看薪酬、权限和职位的；到41岁之后，他比较关注自己的事业能不能再有第二次高峰。通常来说，企业（尤其是创业企业）不愿招51岁以上的人，因为这类人大部分是期待稳定状态的求职者。

想要了解应聘者的离职动机，最"傻瓜"的问题就是——你为什么离开上家公司？因为这么问，八成问不出真答案。真正探究应聘者的离职动因，可以从以下七个方面入手，90%的离职归因于以下七个因素：

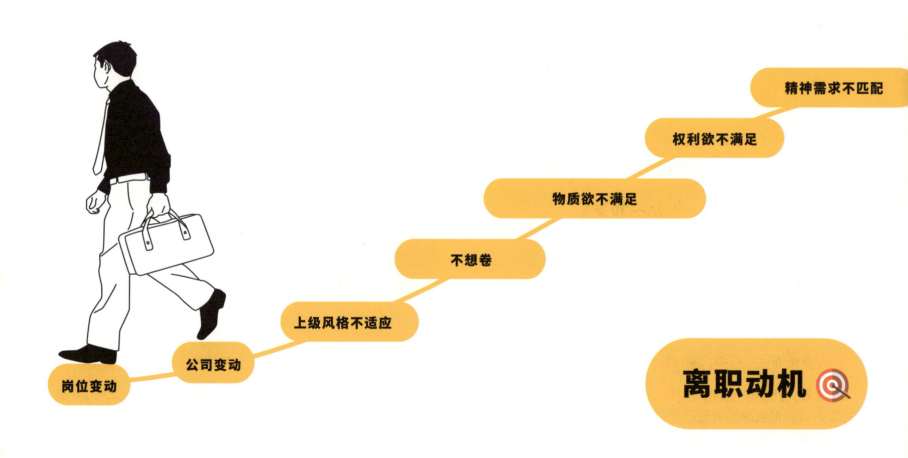

精神需求不匹配

权利欲不满足

物质欲不满足

不想卷

上级风格不适应

公司变动

岗位变动

离职动机

面试官认证第四步：

掌握 "STAR(核心) 面试法"

STAR面试法是常见的面试方式，简单地说，就是在面试提问的时候，以事件为导向，从"情景、任务、行动、结果"这四个维度去刨根问底，进而更深刻地了解应聘者的特质。采用STAR面试法，你的问题需要是**具体的、场景化的**。比如说"请分享工作中让你最有成就感的案例、最有挫败感的案例、最难忘的案例……"你可以用无数形容词提问，但对方需要向你描述一件真实发生的事或一段经历。通常你会得到一些模糊的场景，而你要做的是通过追问把这些场景清晰化，**去了解场景的背景、任务的目标、候选人的行为、候选人具体行为背后的想法、最后的结果以及造成什么样的影响**……

STAR 法则

Situation（情景），指应聘者在当时所处的环境或面临的挑战。比如这项工作是否有先例，面临着多大的挑战，内部是否有不同意见，资源是否匹配等。

Task（任务），指应聘者在描述的任务中具体承担的职责。比如应聘者是这个项目的组织者、策划者、参与者还是协助者，是独自完成还是带团队完成，是带内部团队完成还是组织跨部门甚至跨公司项目组完成等。

Action（行动），指应聘者如何克服挑战。比如他做了哪些事情，他的同事做了什么，哪些应该做的没有做，哪些不该做的却做了。

Result（结果），指应聘者及团队所采取的行动产生了什么结果以及后续影响，这些结果是否达到了预期，给我们带来了哪些启示和反思。

常见 STAR 场景面试题

情景化行为面试提问示例

请举出一个在工作中体现你创新能力的例子。

请描述你在团队合作方面有过哪些遗憾的经历。

请说说你处理与上级理念不同的经历。

请分享一些你在工作中应用新知识、新技能的经验。

描述过去事例的提问示例

您是如何帮助下属度过入职后三个月的？请举例说明。

您是如何攻克××项目的？请展开说明。

您是如何协调跨部门同事共同达成目标的？请举例说明。

您是否有过"有效管理上级"的经历？请举例说明。

您是如何将个人经验变成集体智慧的？请举例说明。

面试官认证第五步：
追问细节

运用STAR面试法时，你经常会得到一个比较模糊的场景或事件，这时千万不要犹豫，你需要一层层拨开事情的真相。

在面试过程中，"面霸"无所不在，他们或掺杂水分、抬高身价，或夸大业绩、弱化缺点，或移花接木、隐藏真相……而找到真相的有力武器就是"追问"，即在使用STAR面试法提问时，抓住一些关键点持续深挖。

比如：

关于你操盘的项目，能在最后的效果应用方面多给我一些信息吗？

关于背景，你能不能多聊一些？

我对如何与内部团队协作这一方面比较感兴趣，请多讲讲？

你刚刚提到了……能更深入地讲述一下吗？

还有呢？请接着讲……

为什么一定要追问细节？

案例：一位项目主管讲述"自身"优化项目流程的事件

运用"无追问"STAR面试法	补充追问后的结果
面试者对事件对答如流	方案是总监提出的 上级领导直接负责 候选人只负责数据分析工作

补充提问包含	
哪些人参与了此事？	项目由何人提出的？
每个人扮演的角色？	项目由何人策划的？
他自己做哪些工作？	项目由何人协调的？

追问细节常用问题 5W2H

用 **5W2H** 追问方式来补充提问，最终您将能够得到想要的答案。

what

背景是什么?

发生了什么?

面临什么情况?

要解决什么问题?

最终的结果如何?

造成了什么样的影响?

when

什么时候的事?

什么时间开始?

什么时候结束?

持续了多久?

是什么频率?

why

为什么会出现这种情况?

为什么要这么做?

为什么不选择那样做?

who

都有哪些人参与了?

每个人的分工是什么?

你的角色是什么?

谁是第一责任人?

where

在哪里发生的?

是什么样的情景?

how

你是怎么解决的?

具体经过是怎样的?

有多严重?

how many/much

成本是多少?

用了多长时间?

有多少人员参与?

面试官认证第六步：
给出结构化面试评价

当你追问好细节之后，面试就要结束了，你需要给这个面试做一个评价。你要能够清晰地说出这个人的总体特征和与岗位的匹配度，评价上要包含能力、性格、价值观以及你的最终的录用建议是什么。

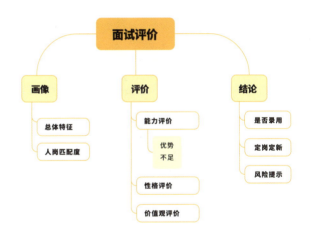

完成这个环节，你基本上就能够成为一个合格的面试官了。这也是很多企业培养面试官的流程方式。不同企业可能要求的程度不一样，但大部分企业的管理人员起码要做到对这几步有了解、有认知、有意识，最终有一个基本的完成度。

而对于实际用人来讲，最好的评价时机不在面试结束，而在转正之前。抓好试用期的评价时机，宁缺毋滥，才会让后期的工作更顺畅。

正常来讲，试用期结束，上级应该具备对下属进行如下判断的能力：

1.下属的长板对业务和团队的帮助有多大？
2.下属的个人成长潜力有多大？
3.公司/部门/团队是否能够包容下属的短板（专业、心态、性格）？
4.下属的管理成本（上级需要的精力投入）有多大？

在试用期期间，通过对以上问题的思考与回答，你可以清晰地判定是否留用此下属，尤其是问题三和问题四一旦出现不能接受的负面征兆，要做到眼明心静，果断决策。

常见试用期考察评价方式(你可任选多项)

做一份读书感悟PPT 并演讲分享

做一份小组协同作业并进行组员互评

安排满满加班的一周工作，观察工作态度与工作标准

给一系列专业资料，并安排一次笔试考试

转正前做一次关键协同人员评价

转正前做一次述职答辩

突击检查电脑工作文件夹存档管理

你在面试他人的时候，他人也在面试你

所以你需要——主动吸引你看重的人

体现面试官的专业度

恰到好处地"营销"

公司 / 团队 / 岗位

了解候选人选择工作
的核心因素

好的态度会给候选人留下较好印象，形成口碑
未来也会从中得到更多人才信息，并且发展成潜力人才库

同时，你还需要做好"面试保温"工作：

1.建立联系:微信、手机号留存；

2.持续了解候选人的相关信息；

　　求职相关: 最近还有什么面试? 还有什么offer在谈?

　　生活相关: 如接offer前后这段时间，是否有家庭出行计划?

　　工作相关: 如候选人公司近期有没有什么大动作? 工作交接如何进行?

3.向候选人介绍团队、公司近期要做的事情、公司的优势、团队的氛围等。

NO

让候选人等得时间过长；

与候选人发生争执；

面试过程中敷衍了事，不尊重候选人；

面试过程让候选人感受到不专业。

YES

守时；

尊重每一位候选人；

现场适当给予候选人反馈；

进行话题引导和友好交流，减少制式化交流。

关注我们，获取本页PDF；扫描小程序，试试更系统的测评 →

超级团队

职场测评

识人力测评

你可以做做这个小测试，看看自己识人的能力

请根据下列描述为自己评分，其中1～5分分别代表"完全不符合""比较不符合""一般""比较符合""完全符合"。

	1	2	3	4	5
在选人时，我总是清楚需要什么样的人，并愿意在招人上花费精力。					
我知道如何描述人才画像，并结合画像看简历。					
我会使用STAR方法面试并用5W2H法追问细节。					
我知道如何结构化面试评价以及面试保温工作有哪些，并能做好。					
我知道如何判断一个人的责任心、学习力和沟通力。					
我知道什么是高潜人才以及如何判断高潜人才。					

得分

/30

自测解读

如果测评分数小于 17 分，则需要注意自己的识人能力。

结构化面试评价表

一级维度	二级维度	业务部门建议	HR部门建议
画像	总体特征		
	人岗匹配度		
评价	能力评价		
	性格评价		
	价值观		
结论	是否录用		
	定岗定级		
	风险提示		

📍 职场能力成长地图

识人用人力

管理者的重要工作——选对人

选人五大坑

⚠️ 先入为主
⚠️ 感情锚固
⚠️ 刻板印象
⚠️ 相似效应
⚠️ 羊群效应

管理者是招聘结果的第一责任人

"严进"严出
"找对人"才能做更多"对的事"
招聘决策不可授权

到底要不要「选人」？

寻找高潜人才

同理心	能不能讲清楚并理解对方的处境、立场和观点
职场智商	信条/原则的原因，深度思考or性格执拗
高情商	不急不躁、不卑不亢、逻辑清晰、自然大方
有逆商	有毅力的人会规划未来，并坚持塑造自己
足够专业	会深入浅出，有耐心

六步成为金牌面试官

画像！画像！还是画像！

学会看简历

搞清楚两个动机
- 求职动机
- 离职动机

Situation 情景 **what**
Task 任务
Action 行动
Result 结果

掌握 STAR 面试法

追问细节

给出结构化面试评价

why
发生了什么事情？
面临的任务是什么？
要解决的问题是什么？
结果如何？
造成了什么样的影响？

when
什么时候发生的？
什么时间开始？
什么时候结束？
多长时间一次？

how
你是怎么做的？
具体经过是怎样的？

为什么会发生这样的事？
为什么要这么做？
当时你是怎么想的？

who
哪些人参与了？
你的角色是什么？

where
在哪里发生的？

how many/much
花了多少钱？
用了多长时间？

找到具有三项特质的人

责任心
学习力
沟通力

超额超量工作后

不被监督工作时

这个世界很大
我想去看看~

只要心里有海
哪里都是马尔代夫

"识人力" 行动卡片

学会画像

假设你升职了,现在要招聘一个"你",写出你要应聘的岗位的工作重点、这个岗位真实客观的挑战,并列出什么样的人你一定不会要、什么样的人你会优先考虑。

如果有条件,和你的上司对比一下,看看你们的画像有何不同?

STAR法则练习

用STAR法则对你团队的工作情况进行复盘,并反思你和团队成员的表现是否符合你们的岗位画像,找到理想画像和实际在岗人员之间的差距。

利用结构化面试评价表

重新评价一下自己的下属,也可以做个自评。

面试六步认证练习

在面试中,应用面试官认证六步法面试10个以上候选人,并复盘每一次面试的优点和不足。

设置考核任务

完善核心岗位人员试用期考核任务并应用。

应用2~3次后,复盘试用期考察任务是否合理,从而对应地调整和优化。

模拟团队成员离职

想想你所在的部门成员,如果他们现在向你提出离职,会是因为哪些原因?

力所能及地联合上级和人力资源部,将你部门成员的离职动机提前降低。

05 育人力

用好人，培养人

育人力

委派任务，转移责任，历练下属

最好的育人方式就是派活、授权。

当管理者把部分工作委派给团队时，一方面能腾出时间实现更多的目标，一方面也能历练下属。

任务委派的本质是责任转移

委派任务，启动授权的前提是突破心魔

当你开始考虑放权时，信任将会在团队中逐渐蔓延……

你的行为会向团队释放出明确的信号：团队成员的技能一定会被看见，团队成员的成长需求一定会被尊重，团队成员会被相信能够取得预期结果，而你会因此成为下属心中值得追随的领头羊。

这将会是一个好的开始，但它并不容易……

尽管，高效授权能提高生产效率，提升团队能力，加强团队互信，但并不是所有人都具有授权的意愿和能力。

为什么?以下是一些常见的原因:

怕他好： 授权者担心别人获得过多的荣誉。
怕他笨： 授权者担心团队无法承担更多的责任。
怕他累： 授权者担心下属已经超负荷工作，不愿意增加他们的负担。
怕他慢： 授权者认定自己完成一项任务更简单、更快。
我　执： 授权者不喜欢放弃自己的固有习惯。
我　怕： 授权者担心如果他们把责任委派给下属会被质疑工作能力。

但不是所有的授权者都深度思考过，我们的"担心、认定、不喜欢"也许只是一种心魔……
只有突破这些心魔，才能够正确看待权力、看待授权，才能真正实现任务委派。

授权的本质是责任转移

当你突破心魔，进入授权模式时，会发现遇到的最大难点是：权授不出去！

这里有一个很重要的原因：大多数管理者每天在做的事情是分配任务，并认为自己已经在授权。

而事实上，授权的本质是责任的委派，而非任务的分配。

分配
告诉他们该做什么
他们就会去做

委派
团队成员需要做出决定
并对结果负责

分配与委派，有重要的区别：

当你开始**分配**一项任务时，只是在向下属交办一些行动，告诉他们什么该做，什么不该做。

而**委派**任务则涉及把身上担的一些责任移交给另一个人。团队成员不只是接受一套动作指令，更重要的是需要做出决定并对结果负责。

后文将详细阐述任务委派的关键点。

做好任务委派的五个步骤

确定人选

任务沟通

明确可授权
委派的任务

理清任务
关键点

持续跟进

第一步：明确可授权委派的任务

当你想要委派任务时，你会发现，不是所有的任务都适合委派，我们要做的是安全委派。实现安全委派，选对任务至关重要。

我们先看看哪些任务适合委派：

首先，我们需要尽量全面地罗列出近段时间内手头任务的清单，以及这些任务所对应的责任，如：

任务一：优化招聘流程。对应责任：提高招聘效率和准确性。

任务二：制定并实施专业技能培训计划。对应责任：提高员工整体技术水平。

......

接下来，我们需要根据以下四个维度（风险、难度、频率、协作)对上面列出的任务进行逐一评估，最终确定可授权的任务（符合以下1～2个维度的一项条件的，即为可授权委派的任务）。

风险

1）风险较小，失败对业务核心影响可控；

2）风险虽大，但过程管理节点可控。

难度

1）难度低，对管理者自身提升不大；

2）难度虽高，但还在下属能力范围内；

3）难度高，下属能力有差距，但能激发下属完成。

频率

1）重复性高且不重要的事务；

2）重复度低但已有前期经验积累的事务。

协作

已形成固定机制的跨部门协同的任务。

第二步：确定人选

确定需要委派的任务之后，选人也是非常关键的步骤。我们需要从以下四个维度依次考虑：

工作能力（主要因素）

被委派人选是否有足够的工作能力胜任这项工作，管理者要从他的责任心、专业度、协作性等出发考虑。

工作意愿（主要因素）

被委派人选是否对这项工作感兴趣，是否对完成这项工作有热情，是否愿意全身心投入。

发展需要（辅助因素）

这项工作对被委派人选的职业发展与成长是否有帮助，是否能补齐他的某些短板。

委派风险（辅助因素）

评估被委派人选完成任务的**风险**，提前做好预防。

当然，现实工作中，我们很难选到四项全符合的人，我们需要考虑：**进度急的工作看能力，持久性的工作看意愿，对于重点培养人才要考虑发展需要，对于重要工作要考虑委派风险。**

综合评价下来，符合1～2个维度要素即可考虑授权。

第三步：理清任务关键点

在任务委派之前，你还需要明确几个关键点：

1. 为什么做这个任务？其目的和背景是什么？
2. 完成任务需要做什么？做好的标准是什么？
3. 能够做好的关键点有哪些？

想清楚以上问题，才能有效地将任务委派给团队成员。

对于你自己都没有主线思路的事情，很难真正委派授权出去。

第四步：任务沟通

确定人选后，我们需要和团队成员沟通任务。委派任务不等于分配工作，你需要让团队成员能够深刻地理解任务的内核。为此，我们需要做好以下几点：

定方向——与团队成员明确要分配的任务，任务的背景、目的，做这事的重要性，以及为什么选择他来完成这项任务。

理情况——与团队成员明确你对任务结果的绩效期待以及他的权限，尽可能具体地告诉他需要做哪些事，并尽可能地了解他的担心顾虑。

想方案——与团队成员讨论解决问题的方案、所需资源和支持。

明做法——与团队成员制定行动计划3W（Who/What/When），并且确定所需资源和支持，确定追踪与跟进时间、方式。

做总结——最后做总结，确认团队成员的信心。

第五步：持续跟进

完成任务沟通，并不等于任务委派就结束了。还有一个最最重要的环节，即持续跟踪，并给予一定的帮助和支持。我们通过以下几点来保持与团队成员的持续跟进：

检查——设定检查方式和时间，按照任务进展检查，随时评估风险。

帮助——通过检查过程中的倾听与观察，主动帮助团队成员，但一定要避免过多帮助、大包大揽的行为。

鼓励——当发现团队成员的进步，要激励其主动性和自信心，让对方能够更好完成工作。

对任务持续跟进的过程，也是我们了解团队成员特质的过程，在这个过程中，我们要持续思考：

1. 他擅长什么，不擅长什么？

2. 他该被放在什么位置上才算人岗匹配？

亲爱的管理者们：

我想向您传达一个重要的信息：把团队伙伴放在正确的位置上，用人所长，并赋予其合适的责任和权利，给予明确的预期和要求，是您必须担起来的责任。

找对方法，大胆用人，相信团队伙伴的成长潜力，给予挑战性的工作，不侵占下属的职责，是您对下属最大的培养。只有这样，您才能激发出下属的潜力，让他们在工作中得到成长和进步。

作为一名优秀的管理人员，您需要有清晰的目标和计划，明确下属的职责和要求，同时也要给予他们足够的空间和自主权。在这个过程中，您需要充分了解下属的特点和能力，找到他们最擅长的领域，并让他们在这个领域发挥所长。

同时，在管理过程中，您也需要不断地给予下属反馈和指导，让他们知道自己的优点和不足之处，并提供改进的方向和方法。只有这样，下属才能不断地进步和成长。

最后，我想说的是：管理团队并不是一件容易的事情，但只要您始终坚持以人为本，注重培养和发挥下属的潜力，相信您一定能够成为一名优秀的管理者。

超级团队

边用边培育，边听边教练

用人不育人，最终无人用

也用人，也育人

作为管理者，对上承接公司战略和上级任务，对下辅导员工完成任务。育人既是管理者的修炼，也是为人一生的重要价值体现。

育人的第一个原则：人与事并重

成就伙伴，事成人也成。既要帮助团队伙伴完成工作任务，达成目标，又要帮助团队伙伴有更清晰的自我认知，更好地成长。

育人的第二个原则：长期主义

育人是个持续性的过程。实现个人的成长并非一蹴而就，管理者需要持续地对团队伙伴进行辅导，静等花开。

育人的第三个原则：选对人，再育人

育人是一种投资，需要花费精力。虽然育人很重要，但不是所有人都值得投入，所以要明智地选择投资对象。育人的目的是帮助人们发展能力、技能和认知，但性格很难改变。因此，育人是帮助人们发展能力技能的过程，而不是改变他人性格的过程。选择合适的人进行育人至关重要。

边用人，边育人

育人容易身心俱疲，还侵占业务精力，但不育人又无人可用。最好的方式是在工作中边用人、边育人。此处我们给出四种育人方法：

周报沟通	1v1 咖啡时间	季度 群体复盘	过程教练

通过周报沟通辅导员工

周报沟通是以周为单位最有效的团队辅导方式。

画重点：周报不等同于周报沟通，没有沟通的周报不如不报。

工作很容易流于惯性和日常，因此需要定期反思、总结，周报能够帮助团队找到工作的条理和节奏。尤其在公司发展快、业务多、线条多的情况下，我们有太多信息需要同步，周报制度更是重要。

周报首先用于自己反思总结；其次是帮团队将局部视角向全局视角对齐；再次是写给合作伙伴，彼此了解工作进展；最后用于让上级了解重要进展，协调资源。

很多人不理解周报的含义，写出来的内容要么是流水账，简而化之，要么事无巨细，连篇累牍。有的周报只有动作，没有工作产出和价值贡献；有的周报只有事实，没有反思和迭代。而这些都是可帮员工提升的点。根据周报做上下级的工作指导是管理的基本功，你可以通过周报告诉员工：

- ☐ **工作目标是否准确；**
- ☐ **工作产出是否及时；**
- ☐ **工作标准是否达到；**
- ☐ **工作方法是否合适；**
- ☐ **工作状态是否在线。**

如果你的周报沟通没有实现以上目的，说明你们的周报沟通是不彻底的，上下级是不同频的，这些问题迟早在工作结果中暴露出来。

在职场中，管理者不仅需要能够写好周报，同时要对下属的周报及时给予点评，帮助下属改进和成长。

通过月度1V1咖啡时间辅导员工

　　以月为单位与员工进行深入的一对一交流是最有效的月度辅导方式。管理者与下属面对面单独沟通，对下属的工作进展和个人成长进行了解、反馈与辅导，其目的在于化解下属心结、助力成长，有助于上下级之间建立信任、达成共识。如果周报沟通更加关注事，那么月度1V1沟通则抛开具体的事，更加关注人的感受、人的成长、人的反思、人的变化。我们称之为"咖啡时间"。未必一定要喝咖啡，但它的场景一定是自由的、非正式的、走心的、感性的。

咖啡时间常见讨论内容　　咖啡时间需要植入的6种教练能力

注意事项

目标与实施

感受与顾虑

需要的帮助

未来机会

行动事项

关系建立： 在沟通过程是否获取对方信任？

信息获取： 在给出建议前是否获取足够信息？

促进能力： 是否有具体教练动作？

直率： 是否直率提出建议？

传递愿景： 在沟通过程中是否尝试激发个人主动性？

导师模范： 你是否知行合一？

1.尽可能提前确定面谈时间及时长，单次面谈时间建议不少于30分钟。

2.建议选择相对安静、不被打扰的会议室或咖啡厅，也可以是在一次散步中。

3.通过办公软件发出会邀，尽量不要随意改变或取消会邀。

4.沟通内容要抓当前关键点，引导团队伙伴主动思考，共同商定后续的行动计划。

画重点： 咖啡时间，管理者倾听和表达的比例是7:3，关键是有效倾听，而非全程输出。

通过群体复盘辅导员工

辅导团队最有效的方式莫过于定期的群体复盘了。群体复盘是一种团队性的复盘会议机制，比如季度述职就属于群体复盘的一种方式，在阿里有非常普遍的实践。在群体复盘的过程中，总结、分析、反馈、学习，进而达成团队共识，转化行动。建议至少以季度为单位开展群体复盘，一个季度过去了，一定有值得群体反思的内容和沉淀的经验。复盘既要谈事 (工作)，也要谈人(团队)；复盘既要侧重谈过去(总结和分析)，也要谈将来(方向和想法)。复盘有诸多好处：

1. 复盘能帮助管理者以全屏视野迅速了解业务细节；

2. 复盘是管理者了解下属具体工作、精准教练的重要渠道；

3. 复盘是团队成员之间互通互学、共知共建共识的平台；

4. 复盘是团队成员自我剖析、发现盲区、提升认知的机会；

5. 对管理者来说，复盘能保证你获得的信息是真实的，同时管理效率高，高度节约时间。

群体复盘的基本流程

1. 会前准备：复盘师、参会人、材料、会议流程；

2. 确定议题：复盘议题越聚焦越有可能拿到结果； ⭐

3. 现场组织：开场介绍、群体复盘（听、问、说）、总结发言；

4. 会后安排：纪要分发、单独面谈沟通、闭环制度、闭环工作。

管理者要做到

1. 高度重视，打造氛围；

2. 选合适的"复盘催化师"来组织局面；

3. 既指出问题，又要拉齐认知；

4. 提出具体的改进行动和要求；

5. 要关注现场的过程、更要关注结果的落地。

关于复盘的详细内容与工具，请参考本书的"复盘力"章节内容。

通过教练术辅导员工：听、问、教

积极倾听

人类是情绪动物，通过情绪构建认知，再通过逻辑进行印证。因此，**关注情绪是任何交互场景中的最大逻辑**。

情绪是可以被听到的，只要你愿意倾听，你一定能听到不一样的世界。你能听到对方是否觉得自己有价值，是否觉得自身被尊重、被认可，你甚至可以听到对方内心最深处的需求与渴望。当对方感觉到你在认真听他说时，你们之间的距离也会越走越近。

倾听过程，最难的是理解对方的感受，进入对方的角色，换位对方的处境，忘记自己，无预判。基于此，我们只有真的成为"我们"，才能共同寻找问题，解决问题。

为了更好地倾听，管理者需要进行有效提问，像你见过的所有精彩采访一样，问得出，才听得到。同时，管理者还可以通过提问来更恰当地传达信息，让下属感受到你的坦诚、开放，更好地建立信任。

如果你不擅长提问，可以先从了解问题的分类开始：

——当你想了解更多信息时，可以选用事实类问题；

——当你想要引发对方的深度思考时，用发现类问题；

——当你想要实现同理心和换位思考，用感受类问题；

——当你想要触发对方行动时，用行动类问题。

更多内容请参考"沟通力章节——有效倾听"

两年学说话，一生学闭嘴

很多时候，闭嘴比说话更需要智慧

有效提问问题库

事实类
- 发生什么事情了?
- 什么时间?
- 在哪里?
- 到了什么程度?

行动类
- 你想做什么?
- 你希望看到什么?
- 你希望改变什么?
- 你下一步准备怎么做?

发现类
- 你认为解决这个问题最大的挑战是什么?
- 你对这件事情怎么看?
- 你有什么评论?
- 这件事背后的假设是什么?

感受类
- 你现在还好吗?
- 这对你有什么影响?
- 如果换作是你呢?
- 你对这件事怎么看?

有效教练

你在练就提问技能之后，了解了下属的困惑，就需要给出明确的建议，让下属有收获感。当你给下属提建议时，你可以用如下表达方式：

1.感受

适当地说出自己的感受可以更好地与下属建立信任与链接。

例如

你做得这么出色，替你高兴！

如果不能做出变化，我们都会觉得遗憾。我很期待你的变化！

我认为，这件事情做到现在这种程度，你已经很努力了！

······

2.意见/观点

直接说出对事情的观点或者意见，可以让下属准确接收信息。

例如

但最关键的问题还在于······

我认为这件事情还有改进空间。

也许是时机需要换一个产品方案了。

······

3.原因/理由

针对提出的意见和观点，不论是激励性反馈还是建设性反馈，都应给出明确且客观的原因或者理由，这样下属更容易接受并了解到具体的情况。

例如

值得改进的地方有×××，原因是······

建议你采用×××部分，原因是······

······

当然，在进行教练的过程中，你会发现不是所有人都能通过几句话点拨出来的，尤其是"新人做新事"，甚至"老人做新事"的时候。教练是一个长期的过程，而非一次简单的沟通。

"无师自通、悟性很强"是偶发事件，没有训战就上岗，事情难产的同时，员工也会因失败备受打击，影响士气。

这时候你除了"说"，还需要"做"。

帮助新人由0到1的教练"十六字心法"：

1 **我说你听：**
安排任务，是什么，为什么，怎么做。

2 **你说我听：**
让对方重复，确保他理解了任务，抓住了要点。

3 **我做你看：**
自己操作或请更熟练的员工操作，让新成员看到实际工作过程，并理解每一步流程步骤的含义。

4 **你做我看：**
到一线现场观察，不要打断。记录问题，适时反馈（反馈表现好的地方、可以提升的地方和改进计划。）。

注：根据场景调整以上四步的顺序，3412、3124或1234等。

如果说"十六字心法"是为了向新成员传递经验和流程，帮其练就新技能，那么，如果想**培养团队成员独立解决问题的能力**，方法更简单。你可以在工作过程中，采用"五问法"帮助员工成长：

帮助员工养成独立思维习惯："五问法"

1 **发生了什么？**
听TA还原TA眼中的事实

2 **你怎么看？**
了解TA的理解深度

3 **你都尝试了什么办法？**
形成TA主动解决问题的习惯

4 **还有吗？**
告诉TA，只想到一种办法远远不够

5 **你需要哪些帮助？**
不能做甩手掌柜，还是要给予TA支持

方法简单心法难，我们需要尽可能地去控制内心的情绪，一种迫不及待事必躬亲和告诉别人答案的情绪。

注: 不要直接从第一步跳到第五步,那会变成保姆式管理者。

通过培训
加速员工成长

最好的成长方式，就是带着别人起飞

为骨干员工提供——1V1量身定制发展计划

为骨干员工提供精准而又系统的发展计划，帮助他成长，是育人中很关键的一步。几乎所有职场人都参加过培训，但是这些培训是否精准、有用，就是另一个话题了。培训做得不好，既浪费时间，又浪费感情。那么，到底怎样的培训，才能真正帮到员工？

案例： 刘杰是一名项目专员，他的个人成长规划是：期望一年内能独立承担公司小型项目，并且主导项目验收。为此他需要提升项目计划能力和沟通协调能力。经过与上级深入沟通，小杰与上级共同制定了个人能力发展计划。

姓名:小杰　　　**部门：项目部**　　　**上级：徐经理**　　　**制定时间：2022.01.05**　　　**协助：HR**

个人能力提升承诺： 在2022年内，实现项目计划管理能力和沟通协调能力的提升，能够独立承担公司小型项目。

衡量标准：

1. 训：年终考核时，经评估，不再有核心能力卡点；
2. 战：主操盘一次100万量级的项目，项目后评估合格。

实施办法：

1. 参加公司的系列内训《沟通实战》；
2. 参加公司的内训《项目计划管理实战》；
3. 参加××项目的前期商务工作；
4. 协助徐经理完整的完成××项目实践；
5. 备考PMP认证；
6. 与高频对×接部门，建立定点沟通关系。

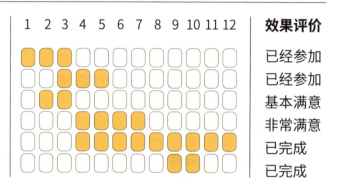

效果评价

已经参加
已经参加
基本满意
非常满意
已完成
已完成

补充发展承诺：提升代培新人的能力（因8月份工作有新员工入职，小杰担任入职辅导导师，所以补充发展承诺）

衡量标准：

1. 成为内部导师。

实施办法：

1. 参加人力资源部组织的内部导师培训；
2. 作为本部新员工入职导师，为新人提供辅导。

效果评价

已完成
表现优秀

年终评价： 经过一年发展，已经可以独立承担小型项目，成长为合格的初级项目经理，但跨部门协调能力还需加强。

经过以上的提升计划，我们会发现，针对骨干个人的有效培训为定制性成长计划，具有几个特点：

1. 系统性，形式上包含内训、训战、企业走访，以及合理的工作任务安排；

2. 定制性，有针对性，缺啥补啥；

3. 有详细的提升计划，每个月都有成长；

4. 有明确的衡量标准，可评估可复盘。

如果培训可以做到有效、有趣、有用，相信没有员工会拒绝。这既是公司人才成长的投资，又是企业留人的利剑。

为批量同类型员工提供——可复制的成长训练营

如果我们要做同类型人员能力批量复制的培训，更系统、更快的方式就是打造训练营，推动成员成长。

案例：某公司的销售团队青训营培训框架

商务基础课

关注销售思路与技能

1. 如何培养项目思维
2. 获取圈内联系人，建立信息网
3. 公司呈现话术
4. 方案呈现话术
5. 大案例复盘会

商务进阶课

关注销售流程

1. 如何寻找项目信息
2. 如何定位买单企业
3. 从买单企业到关键决策人分析案例研讨会
4. 客户拜访流程
5. 如何挖掘客户信息与需求
6. 便捷谈判及商务促单

商务心态课

关注销售心态

1. 销售人员的职业发展
2. 销售人员的心态养成

　　我们可以看到，从一个小白销售到成熟销售，要经历以上3阶段13关的打磨。关关有内容，关关有考核，且每关都是销售人员在战场上的卡点、痛点。这样的培训，销售人员自然想要去学。通过反复学习、实战，能快速提升员工的技能，同时也能增强信心、提升斗志。

推动员工自主成长——将员工成长与职级挂钩，将员工能力与薪酬挂钩

案例：售后工程师的职级体系与培训安排

以下为某企业售后工程师队伍的职级体系&培训体系案例，从P1到P4，职级持续提升，薪酬也对应提升，需要学习的内容也有所不同。

职级	P1	P2	P3	P4
培训内容	公司产品知识	竞争分析	上下游产品知识	客户行业应用场景
	工程专业知识	调试报告编写	所处行业发展趋势	项目管理
	产品调试	沟通技巧	产品排故技巧	风险控制管理

推动员工自主成长——从入职开始建立全生命周期成长管理档案

从企业的角度来说，一定要重视员工培训体系的搭建，员工的培训应该从入职贯穿到每个职业发展期。以下这些动作直接决定企业的人才质量：

在入职1～5年间，企业是否帮助员工找到自己的发展方向，是否有针对发展方向的系统性培训，是否搭建开拓员工视野与远见的平台；

入职5年后，是否有区域调度、跨部门轮岗、特殊任命等，是否帮助老员工再度找回职业热情，是否关注员工价值感。

种豆得豆，种瓜得瓜。企业在人才成长与团队建设的投入是中长期投入，很难短期见效。很多企业的用人策略是拿来主义，买瓜、买豆，但最终发现买来的不仅没有种来的甜，而且还贵。企业的人才战略，要买也要种，只有对人才进行中长期价值投资，才能为企业带来长效竞争力。

人才培育应始于员工入职的那一刻，并结束于员工离开的那一天

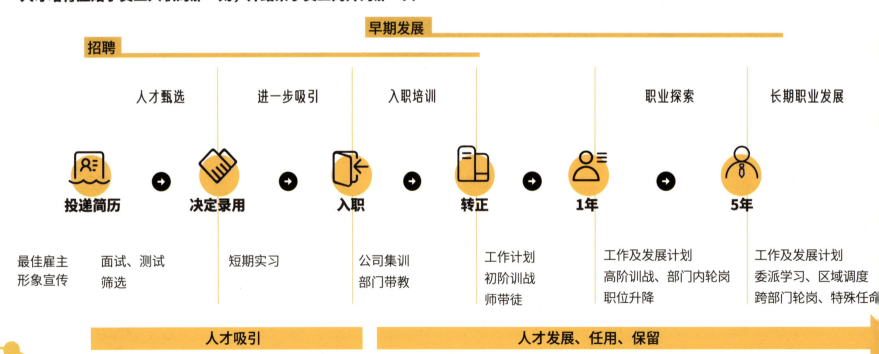

关注我们，获取本页PDF；扫描小程序，试试更系统的测评 →

超级团队　　　职场测评

育人力测试

你可以做做这个小测试，看看自己用人育人的能力。

本测评主要针对管理人员。请根据下列描述为自己评分，其中1～5分分别代表"完全不符合""比较不符合""一般""比较符合""完全符合"。

	1	2	3	4	5
我愿意相信自己的下属，所以我会放权给他们发挥。	□	□	□	□	□
我会委派合适难度的任务给下属。	□	□	□	□	□
我会提前考虑委派后的潜在风险，并布局好处理方案。	□	□	□	□	□
我会持续跟进委派任务，定期检查评估风险。	□	□	□	□	□
我认为让成员成长与完成事情同样重要。	□	□	□	□	□
我会对下属的工作状态和方法进行沟通，并保持一定的沟通节奏。	□	□	□	□	□
我知道如何引导员工主动提出并解决问题。	□	□	□	□	□
我知道成员的成长应该需要哪些系统性的培训。	□	□	□	□	□

得分

/40

自测解读

如果测评分数小于23分，则需要注意自己用人育人的能力。

育人方面，导师制在很多企业得到有效实践，这是一场导师和学员的双向奔赴，我们期望双方可以：

致导师

· 双方的关系建立在信任的基础之上

· 像尊重自己一样尊重学员的时间

· 告诉学员，你不期望他对你的建议通盘采纳

· 期望学员向自己的 (而不是你的) 目标迈进

· 以关切的方式认识和处理冲突

· 在其他人面前，只对学员做正面或中立评价

致学员

· 双方的关系建立在信任的基础之上

· 对学习与个人成长承担积极责任

· 多征求导师意见和建议

· 定期向导师反馈学习进度，并告知导师应用结果

· 遵守协商好的时间表

· 遵守约定承诺

🎯 职场能力成长地图

育人力

委派任务，转移责任，历练下属

突破心魔   分配 ≠ 委派

边用边培育，边听边教练

育人三原则

人与事并重
长期主义
选对人，再育人

育人四方法

周报沟通
1v1咖啡时间
季度群体复盘
过程教练

过程教练

有效教练口诀

我说你听：
安排任务，是什么，为什么，怎么做

你说我听：
让对方重复确保理解任务，抓住要点

我做你看：
让团队成员看到，学会，在这一点上流程步骤很重要，建立信任更重要。

你做我看：
到一线现场观察，不要打断，记录问题，时候反馈

培养解决问题能力

发生了什么？
听TA还原TA眼中的事实

你怎么看？
了解TA的理解深度

你都尝试了什么办法？
形成TA主动解决问题的习惯

还有吗？
告诉TA，只想到一种办法远远不够

你需要哪些帮助？
不能做甩手掌柜，还是要给予TA支持

通过培训加速员工成长

为骨干员工提供——1V1量身定制成长计划

为批量同类型员工提供——可复制的成长训练营

推动员工自主成长

将员工成长与职级挂钩，将员工能力与薪酬挂钩

从入职开始建立全生命周期成长管理档案

做好任务委派的五个步骤

明确可授权委派的任务

风险、难度、频率、协作

确定人选

工作能力、工作意愿、发展需要、委派风险

理清任务关键点

目的和背景是什么？
需要做什么？标准是什么？
做好的关键点有哪些？

任务沟通

定方向、理情况、想方案、明做法、做总结

持续跟进

检查、帮助、鼓励

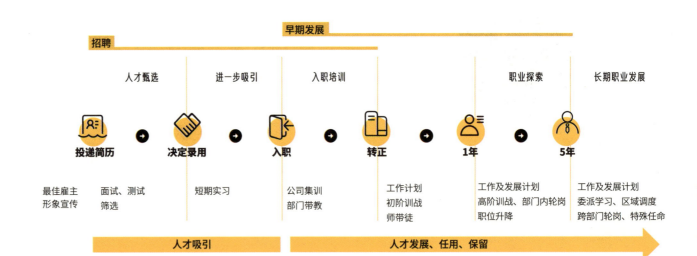

"育人力" 行动卡片

适当放权

整理自己的工作内容，根据风险、难度、频度和协作性的考虑，整理出可以放权并委派的任务。

将合适的任务委派给不同成员。

持续跟进练习

对近期委派的工作进行检查，评估风险，寻找成员需要的帮助点。

对成员进行辅导，帮助并鼓励他。

辅导员工

对已经进行了一周、一月、一季度的任务，分别根据本章重点，进行周期性辅导。

制定辅导工作计划。

培训计划

整理适合自己业务的培训体系内容。

将培训内容按照需求优先级进行排序，并与HR讨论培训推进方案。

06激发力

激发职场活力

激发力

激发从读懂需求开始
了解需求，建立心理契约

读懂团队成员需求，建立心理契约！

有朋友曾问我，劳动合同上不就写得清清楚楚了吗？为什么一定要建立心理契约？有什么用吗？

你与员工签订了劳动合同，建立了合作关系，但是你发现员工人在、心不在，这说明你还没有与员工建立心理契约。

什么是心理契约？是了解对方需求并告知对方如何兑现、告知对方期待并获取对方承诺的过程。

如果说劳动合同留的是人，心理契约则通的是心。为了与团队成员建立心理契约，你需要与员工真诚沟通，实现以下两个步骤：

第一步：
了解你的团队成员想要什么

第二步：
让团队成员清楚你对他的期望是什么

当你花心思了解并真正发现了团队成员内心最想要什么，你需要做的就是告诉他你能够给他带来什么，并且兑现它。通常发现员工真实需求的过程是3～6个月。

心理契约的建立是相互的，当你和团队成员成功地建立了沟通的桥梁，你知道了他之所欲，你也需要清晰地告诉**你对他的期待。**

建立心理契约
是双方建立供需桥梁的
一个过程

不同发展阶段的职场人，职业需求不同

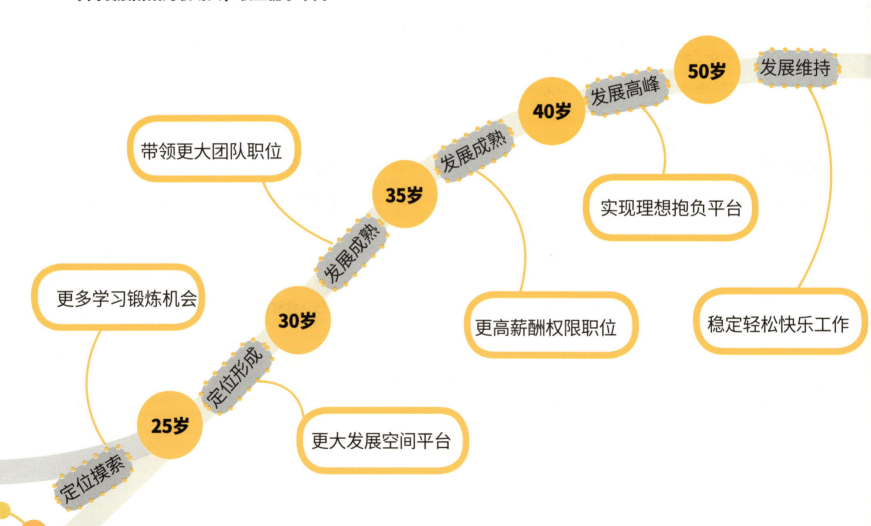

建立心理契约，需要注意：

1. 建立心理契约是一个循序渐进的过程，至少需要以季度为单位，因为外部环境、信息流和人的心态都是动态值，需要持续校对与加强；

2. 对于管理者来说，主动的姿态非常重要；

3. 对管理者来说，一定要时刻关注主要团队成员的预期，对于不切实际的期待，要及时、清晰地反馈给团队成员。

团队成员贡献的价值或表现，不仅和他的能力相关，更和他的心理干扰相关。

即：团队成员的
表现＝能力－心理干扰

而建立**心理契约**的最大好处就是持续有效地帮助团队成员**降低心理干扰**，让团队内成员更有**安全感、归属感、信任感**，进而**激发团队的潜力**。

降低心理干扰

安全感　　　归属感　　　信任感

激发团队潜力

分析需求，满足动机

作为管理者，最核心的职责就是激发员工，让他们高标准完成任务。

总会有员工提出不同的需求，是不是满足所有需求，才能激发员工？

如果你想更有效率地激发他人，需要了解一个底层逻辑：什么是保健型需求？什么是动机型需求？

我们需要了解员工的需求有哪些，并对不同的需求采取不同的应对策略。

第一类需求：一视同仁的保健型需求
第二类需求：因人而异的动机型需求

第一类需求：一视同仁的保健型需求，如与公司政策、制度和福利相关的需求。

20 世纪 50 年代，美国心理学家赫茨伯格提出了"双因素理论"，他把企业中与调动员工积极性有关的因素分为两种：

<mark>保健因素</mark>，有了不一定能激励人，但没有会降低人的成绩。比如工作环境，公司制度、福利等；

<mark>动机因素</mark>，这是能够真正激发人产生激励的要素。比如成就感、责任感、荣誉感等。

报销贴票太耽误工作时间，能不能由公司财务统一帮忙处理？

不要每次团建、培训都放在假期，能否放在工作日？

公司能否安排员工在下午有一个简单的茶歇？

这类需求有一个共同特点就是**一视同仁**。

公司的政策和制度对大家来说都一样，没有谁有特权，是全体员工共同享有、共同承受、共同面对的。这类需求统一称为"保健型需求"。

如果企业或团队资源有限，保健型需求做到 60 ～ 80 分就够了，不能太低，也不用太高。**因为保健型需求有一个共同特点：你做得很不好，会让员工产生不满，但你做得很好也不会激发团队成员更高的战斗力。**

比如差旅贴票这件事情，公司如果提出特别多的条条框框，占用了员工大量的工作时间，员工会不满进而影响工作；但就算是公司把所有的事情全部都安排给财务，也不会让员工的绩效更好。很多公司都向员工提供下午茶福利，但是，下午茶再奢华，也解决不了帮助员工努力提高工作技能的问题。

所以，针对一视同仁的保健型需求，别太过，也不用太好。

假如员工提了一个保健型需求，管理者需要判断这是个别需求还是代表**大部分人**的需求。如果大部分员工对此没有什么意见，只有个别人有诉求，可以先让子弹飞一会儿。但如果大部分人都觉得不合理，那就值得关注了，可以考虑调整公司的相应政策与制度。因为**当公司资源有限时，在保健因素上的持续追加，不会带来员工生产效率的提升。**

关于保健因素，管理者最要关注的核心词就是**"平等"**。如果为满足个别人的需求而没有做好一视同仁，看似是在提升团队福利，其实是破坏了团队的**稳定性**。

所以你看，激发别人，不代表满足他人的所有需求。即使满足了，也未必会实现激发的效果。

第二类需求：因人而异的动机型需求，如加薪需求。

激发力的本质是扣动动机因素的扳机，让团队在心理上产生激荡，让激励与**责任、尊重、成就、自我实现**等多重动机相关联。只有在激发动机上投入资源，才能开花结果。

需要强调的是，如果说保健因素的关键词是"公平"，那么做好动机激励，关键词更是"公平"——你的一切激励都要建立在公平的基础上，比如：

对突出贡献的员工进行期权激励，衡量突出贡献的规则是否公平？

公司年会公布的一二三等功，是否服众？

这些规则的公平性是激励到员工内心的关键点。

那么，涨薪属于保健型需求还是动机型需求？

如果涨薪要素与员工的个人能力及产出不相关时，它属于保健因素。比如年度薪酬的普调，你涨我也涨，所有人都有，这就是典型的保健型需求，此类需求的满足，不要太过，不用太高。

但当薪酬与员工的个人成绩相关，多劳多得、因人而异时，它就不再是保健型需求，而是动机型需求，要知道薪水不只是一份工钱！

因此，当员工提出加薪时，可能你会有很多顾虑，比如：

1. TA 还没有达到你心中的目标，但 TA 认为自己做得不错，怎么办？

2. 如果这次满足了 TA 的加薪要求，没过多久 TA 又提出新的要求，怎么办？

3. 同意给 TA 涨薪，在涨薪的那个月，TA 积极性很高，到了第二个月 TA 又回到了老样子，怎么办？

4. 当满足了 TA 的要求，导致其他人受到了不公的待遇，怎么办？

但我们的方向很明确，就是将薪酬设计与动机型设计挂钩，与成绩挂钩，与认可、成就、职务都挂钩，满足对方的动机型需求，才有可能真正激发员工。所以，遇到对员工提加薪的顾虑，你最需要做的是把工作目标明确化，把加薪标准明确化，遇到事情谈标准。

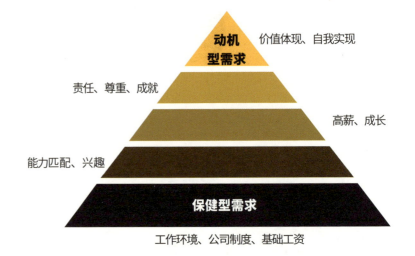

将动机激励多元化

当团队成员向上级提需求时，上级可以将保健型需求转化为动机型需求，将动机型需求多元化。比如，成员提涨薪，你可以通过浮动工资涨薪，将绩效工资体系延伸至全面激励，包括绩效、股权、成长、荣誉等。

比如华为出台了多种激励：

1. 绩效激励： 为员工设计合理的绩效工资、提成、奖金等，鼓励员工创造价值并与其分享价值；

2. 荣誉激励： 建立荣誉激励体系，让员工感受到团队认可、公司认可甚至社会认可；

3. 成长激励： 定期让员工参加各类训战，促使员工在企业中不断成熟，员工队伍不断稳定，满足员工需求，实现组织目标；

4. 差距激励： 通过自身的激励体系让团队内部优秀的人获得极大的物质回报，每年也以极高的标准淘汰躺平的人。

当激励做成平均主义时，它就是保健因素；当激励做成优胜劣汰时，它才能真正地成为激励因素。愿意提绩效激励的员工，说明他有内在欲望，而你需要做的就是不遗余力地在团队搭建这种正循环，牵引欲望：**成长 —— 产生价值 —— 获得认可与激励 —— 产生成就感 —— 接受新的挑战 —— 继续成长。** 这就是管理者需要在内部搭建的激励体系，也是很多公司都在钻研的激励系统。

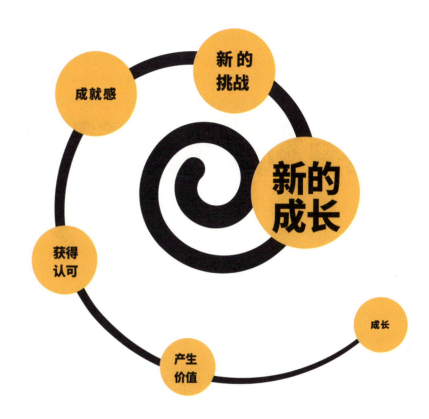

当员工产生令人满意的工作结果时，近半数以上的工作都和员工的成就感相关。

所以，带领团队打胜仗，激发员工的成就感和自信心，是最高级的激励。

用称赞代替责骂

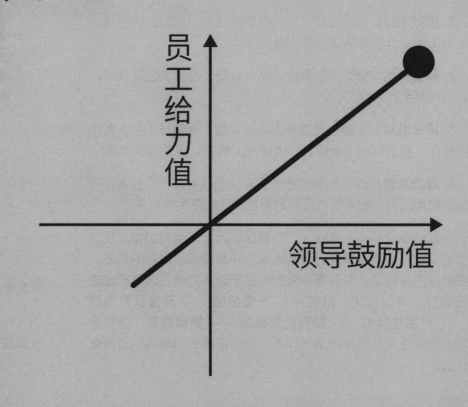

员工给力值

领导鼓励值

我们本可以用称赞代替责骂

> 赞许的话语如同抚慰人心的温煦日光，
> 灵魂缺少他的滋养就无法像花朵般盛放。
> 然而大多数人对于同胞只有寒风凛冽的责难，
> 而不愿意给予些许阳光般和暖的夸奖。
>
> —— 心理学家杰斯·莱尔

很多人都经历过至暗时刻，但如果回头看，去复盘自己时，你会发现对自己影响巨大的，往往是一些值得尊重的人对你说过的那几句鼓励的话，这会让你终生难忘。

无数心理学实验证实：降低表扬的门槛，提高批评的门槛，会激发人们好的一面，逐步弱化不好的一面。要知道，每个人都会因渴求认同而付出一切代价。

赞美是一种能力，当你难以赞美别人时，可能是因为

1 太关注负面行为

眼里揉不得沙子，看谁都是错，看哪都有问题，自诩完美主义，但当别人做出正面举动时候又觉得好像没什么好赞美的。

2 对他人期待过高

对方没有达到自己期望的标准，可能是因为对方的行为永远都达不到你的标准。

3 不知道怎么去夸赞

很少赞美人，一夸人就会觉得尴尬，不真诚。

4 自傲、自负、自尊心过强

有强烈自尊心的人，会觉得赞美别人会拉低自己。

你需要时时刻刻警醒自己，尽量避免出现以上情况！不要吝啬赞美！

所以，你准备好了吗？去真诚地表达你对团队成员的认可、欣赏与赞美吧。如果你准备行动，首先，我们要关注一下"如何赞美别人"：

赞美不是简单的"你很优秀、你很棒、好极了、棒棒哒"这样的语言。 这些可以是你的口头禅，你也可以用它来释放善意，但这种表达方式相对简单、空泛，激发不起对方眼中的光，起不到肯定他人与激发他人的作用。好的赞美来自发自内心的欣赏。

1 假如你真诚地想要赞美你的同事，**请赞美到具体的行为**，指出他工作中好的细节，以及这个行为带来的意义。只有这样，对方才会知道你是认真的，你的赞美才有价值；同时，他会真正明白到底因为什么而被表扬，这样的行为才会被持续。

2 通过持续赞美一个行为，给团队里的他**贴上标签，让好的行为在团队里被传承、被发扬**。例如：×××做事很细致，他做出的方案总能给人一种如沐春风的感觉。

3 尝试三角式表演方法，**告诉A："B说你很棒。"** 拉近团队之间的距离。

你好棒！

谢谢。

你好棒！
把注意项都标
记出来了，帮
大家省了很多
时间！

哈哈，
举手之劳！

通过满足普适情感需求激发他人

原则 1　争论无赢家；

原则 2　少说"你错了"；

原则 3　多说"我错了"；

原则 4　沟通始于友善；

原则 5　想办法让他点头；

原则 6　让对方主导谈话；

原则 7　让对方自行得出结论；

原则 8　抛开成见，将心比心；

原则 9　体谅他人的想法和愿望；

原则 10　激发对方内心的高尚感；

原则 11　戏剧化你的想法；

原则 12　激将法。

——《人性的弱点》 戴尔·卡耐基

用好IDP，先"画饼"，再"烙饼"
帮助团队做好职业规划

IDP
Individual Development Plan
个人发展规划

职业发展规划是通过努力寻找"自己"，然后规划如何努力的成为那个"自己"的过程，是不断趋近这个目标的过程。职业发展规划看似是一个职场问题，其实也是一个哲学问题。

职业规划的重要性不言而喻。长江后浪推前浪，每年都有能力比你好、出身比你好的人翻涌而出。

25岁时的你，是团队里最年轻、最有干劲的，可以不怎么休息；而35岁时，做一个项目熬夜一两周就很难受。以前不管挣多少都觉得钱够花，现在房子、孩子等各种消费都等着自己赚钱。作为职场人，35岁就是一个坎，如果没有提前做好规划，很容易就面临淘汰。

要做好职业发展规划，建议你做好以下几步。

第一步：
认识自己，发现你的强项与劣势

苏格拉底说，人最难的就是认识自己。事实上很多人对自己的优缺点缺乏了解，但是对身边人的优缺点却头头是道。能够直面自己缺点的人会是一个持续进步的人。而有的人不但会漠视缺点，甚至会美化缺点。

"认识自己"是职业发展规划的第一步。你是一棵松树，却偏要长成一颗楠木，那是怎么用力也是长不成的，越修剪，越痛苦。你要做的就是围绕你的基因，构建你的核心竞争力，做你基因喜欢的事情。

第二步：
认识环境，了解你的机遇与挑战

机遇就是不容易碰到，一旦错过了、短期内很难再有或者后面再做就非常艰难的事情。

容易与机遇搞混淆的一个词是机会。机会是这次错过，短期还会遇到。

什么是挑战？挑战就是为了抓住这个机遇，需要面对的最难解决的问题。挑战是因人而异的，比如对于有的人，他的挑战是突破一些专业瓶颈；而对有的人来说，他的挑战是人际交往；还有些人，他的挑战是在资源有限的情况下，如何平衡各种利益体……

想要回答好这个问题，还是要回归到自我认知。

第三步：
明确目标，找到差距，才能查漏补缺

分析**目前面临的职业挑战与机遇，现在的自己在哪些方面能胜任，在哪些方面需要提升**，正视自己需要发展的技能，从发展机会入手突破，评估后确定自己的职业发展目标：3~5年的职业目标是什么？是在现有职业发展通道晋升还是选择其他方向？

第四步：

完善发展计划

结合自评结果及职业发展目标的任职资格，制定具体发展计划。

比如，什么是我的重点发展项，我通过什么方式学习和应用等。

这一步是 IDP 中非常重要的一步，当你完善了发展计划，一定不要只让这些计划停留在纸面上，而是要通过具体行动实现计划。

第五步：

支持和评估

在制定 IDP 后，按发展计划，可能会需要安排一些培训、学习、轮岗实践，或导师带教，这些方面可以向所在公司提出申请，然后执行各项发展行动。给自己设定阶段任务，在各阶段结束时，做好评估，看看哪些能力补齐了，哪些目标达成了，哪些需要再接再厉。

第六步：

上下级沟通

完成前五步后，主动与上级共同探讨，一方面是校准认知，另一方面是获取发展机会与发展资源。若双方达成共识，则签字确认。

在 IDP 落地过程中，上级的支持与评估是必不可少的，上级可以陪伴整个过程，并给予辅导，在职业发展关键点上给予意见，从第三视角帮助下属复盘，同时也帮助下属向公司申请资源。

第七步：

IDP 的回顾与调整

IDP 并不是一成不变的，建议上下级每季度末对此周期内所实施的发展行动进行总结，评估所达到的实际效果对没达成的计划进行复盘，再根据实际情况（内部、外部），调整、更新具体发展计划。

最后，还需要提醒大家：过去的思维方式下，IDP 是从工作岗位到人，只以公司的要求为主，它只是一个工作清单，跟个人没有关系，写上谁的名字都没多大差别。个人没有动力去做，公司也难以推动。

新的思维方式应该是"从人到岗"，**只有真正关注了个人"I"的内在驱动力和个性特质才让 IDP 变得个性化、有温度。**

当个人成长的内在动力被激活了，IDP 就能以"I"（个人的承诺）结束。有效的 IDP 不需要标准答案，它的有效性就在于：员工的成长和自己有关，和自己是谁有关，和自己想要成为谁有关。

当 IDP 将企业价值观与个人价值观、将企业发展目标与个人成长目标相联结时，个人发展就会变成自主自发、自我承诺、持久行动。当 IDP 呈现出鲜活的个人时，领导者也可从其身上看见自己，真正感受到助人的成就感。

因此，IDP 不能只是一个工具、一次模式化的谈话，而应该成为领导者不断迭代的管理理念。领导者需要用心去关注每一位个体，激发个人自我成长的动力，激发个体的自我承诺，并与团队共同创造具备企业基因的、让个体茁壮成长的生态环境！

IDP模板工具

姓名：	部门：	级别：	直接上级：	日期：

发展目标				
认识自己	强项：		劣势：	
认识环境	机遇：		挑战：	
目标			自我发展重点发展项	
目标评估日期				

发展计划		
重点发展项1	学习计划	
	应用计划	
重点发展项2	学习计划	
	应用计划	

支持和评估计划			
重点发展项	会有哪些障碍/挑战	需要哪些支持/资源	如何衡量目标达成

淘汰也是激发的一部分

淘汰是最后的选项

淘汰

淘汰机制是指将绩效结果靠后、价值观严重不符的员工从公司除名的机制。淘汰制的提出者是 GE 公司前 CEO 杰克·韦尔奇，GE 会根据员工绩效，区分出业绩排在前面的 20% 员工、中间的 70% 员工和最后的 10% 的员工，这也是著名的"271"法则，韦尔奇称之为"活力曲线"。

管理者需要认清：**淘汰，无论主动还是被动，都是最后的选项，**是为了防止更大的失败，也是为了给团队带来活力。

在做出淘汰决策的过程中，管理者首先要反思过往的管理动作：

"有没有设定明确的目标和标准？"

"有没有关注过团队成员的成长和变化？"

"有没有及时做辅导？"

"有没有给过改善的机会？"

如果管理动作已经做到位，对方还是达不到岗位要求，再做出淘汰的决定，不要轻言放弃每一位团队成员。**淘汰需要坚守"严出"的原则**，同时需要注意以下三点：

淘汰"严出"三原则

1 **合情**
在淘汰的整个过程中给予团队成员充分的尊重。

2 **合理**
对要淘汰的员工有明确的岗位职责、工作标准、目标，并在管理过程中做好反馈和记录。

3 **合法**
所作的决策都要有明确的法律依据。

正确认识淘汰

淘汰对各方都是具有意义的

对团队：
激发团队活力、提升"拿结果"的能力，
提高组织整体效能。

对管理者：
反思自身的管理动作是否到位，不断优化和
提升自身的管理能力。

对团队成员：
重新思考自己的优势和擅长方向，找到适
合自己发挥的环境。

对高绩效者：
持续包容低于期望的成员，就是对高于
期望成员的不公平。

淘汰的成本

管理者要非常清楚淘汰过程中的成本，需要反复衡量淘汰某位员工的成本结果。

以下是常见的成本：

1.低效成本：
被辞退员工在离开公司前低效工作所带来的成本；

2.组织氛围：
负面情绪影响团队凝聚力及拼搏精神的成本；

3.雇主品牌：
企业声誉、企业雇主品牌受影响的成本。

淘汰的误区

在淘汰过程中需要警惕以下误区：

❌ 1.淘汰是管理者的一种"权力"，可以想让谁走就让谁走；

❌ 2.淘汰不是管理者的事，应该上级或HR做去；

❌ 3.管理者碍于关系，不好意思淘汰低于期望的成员；

❌ 4.虽然他不符合文化价值观，但是只要有业绩就可以了；

❌ 5.业务压力非常大，先让他继续顶着；

❌ 6.淘汰就是一次淘汰面谈。

淘汰的选择

哪些团队成员需要被淘汰:

1. 在试用期内被证明不符合录用条件;

2. 转正后不胜任工作;

3. 与公司价值观不符合;

4. 出现严重违纪违法行为。

其中,对第三、四种员工可以进行直接淘汰,对于不胜任员工需要进行调岗和培训,如调岗或培训后仍不胜任,则进行淘汰。

淘汰的流程

淘汰需要一定的流程:

1 管理者明确淘汰对象后,要第一时间同步给直属上级,并得到支持;

2 及时同步HR,达成一致意见后,要定出策略并制定谈话流程;

3 选定和员工面谈的具体时间并进行谈话,同时要做好多次面谈的准备;

4 面谈结束,双方达成一致后,将达成一致的结论同步给HR,由HR发起系统离职流程。

淘汰面谈的关键

明确了淘汰的具体流程后，在进入正式面谈前，管理者要注意面谈的四个关键点：

1 谁来和被淘汰员工进行面谈？
——**直线管理者**

2 和员工的面谈时间如何选取？
——**尽量选择员工相对放松的时间段，不搞突袭**

3 在哪里谈？
——**中立的谈话场所**

4 怎么谈才最合适？
——**面对面、一对一**

淘汰的注意事项

员工淘汰涉及的问题相对敏感，建议管理者一定要慎之又慎，在淘汰中避免做以下四件事：

1.突然安排淘汰面谈

不要让被淘汰者突然接到淘汰面谈的通知，至少应该在每次的绩效反馈中告知他的表现，并给予其重新表现的时间。

2.谈话含糊闪烁

谈话中不要绕弯子、含糊闪烁，应该直接坦诚沟通、不回避，陈述结果但不需要辩对错。

3.拖得太久

被淘汰员工的低效表现会产生额外成本，还会影响部门的士气和氛围，让大家有各种猜测。

4.淘汰暗箱操作

淘汰前有明确规则，淘汰后需要在团队公开淘汰的原因，客观公正地评价被淘汰的伙伴，不让其余伙伴有猜疑和担心。

淘汰面谈的步骤

和员工确定好面谈时间和面谈地点后，最关键的环节是正式面谈。以下是完整步骤和注意事项：

1

面谈前准备

收集整理员工不胜任的信息，比如绩效沟通记录、工作邮件或钉钉所涉及的工作沟通记录。最好要有指出问题、提出改进意见的记录，员工能真正认识到自己的问题，面谈就成功了一大半。

2

面谈前奏

见面落座后要简单寒暄一下，不要故意营造轻松氛围，但也不要制造太紧张的氛围，开场不宜过长；对员工的贡献给予肯定。

3

描述事实

指出员工的不足之处，一定要有依据；指出问题后，要从员工本人以及公司等综合角度出发，说出这个决定。

4

注意倾听

当员工听到淘汰消息时，反应会比较激烈。不要解释太多，让员工充分表达完自己的情绪，倾听本身就有疗愈效果。

5

沟通确认

用开放式的问题与其谈话，不要纠结于某一个点进行深入讨论。态度诚恳，立场坚定，不被对方带跑偏，引导员工接受事实。

6

面谈收尾

面谈成功后，告知员工接下来的流程；如果面谈失败，告知员工回去好好想想，随时等待TA的消息，然后结束本次面谈。

　　针对不同人群，要侧重谈话点。对于年轻员工，要引导他们面向未来，在变化中重新定位；对于年龄和司龄长的员工，针对贡献表达认可和感谢，让他们在变化中找到自己的意义与价值。

　　作为管理者，解雇员工是我们必须面对、不能回避的一个课题。这样的事情通常是令人痛苦的，但也不是必然如此。淘汰对公司、对管理者、对员工都是一次新的起点。

关注我们，获取本页PDF；扫描小程序，试试更系统的测评 →

激发力测试

你可以做做这个小测试，看看自己激发人的能力。

超级团队

职场测评

本测评主要针对管理人员。请根据下列描述为自己评分，其中1～5分分别代表"完全不符合""比较不符合""一般""比较符合""完全符合"。

我知道应该给团队设置哪些荣誉类型的激励。

我赞美别人时，会赞美到他们的具体行为。

我会持续赞美一个行为，让好的标签在团队里被发扬。

我会关注下属想要什么，并告诉他们我能带来什么，并且努力兑现。

我会尽量让下属知道，我对他有什么样的期待。

我会帮助员工发现自己的强项与劣势，分析机遇与挑战。

我会帮助员工制定发展计划并给予支持，激发他们的成长动力。

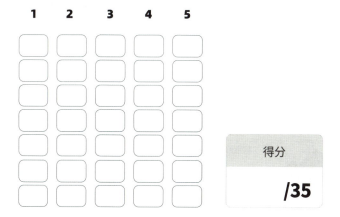

得分

/35

自测解读

如果测评分数小于20分，则需要注意自己激发人的能力。

📍 职场能力成长地图

激发力

分析需求，满足动机

第一类需求：保健型需求

与公司政策、制度和福利相关的需求
激发他人，不代表满足他人所有的需求

第二类需求：动机型需求

真正激发人产生激励的要素
比如成就感、责任感、荣誉感等

用称赞代替责骂

赞美到具体的行为

持续赞美，让好的行为在团队里被传承、被发扬

尝试三角式表演：告诉A："B说你很棒。"

你好棒！
谢谢。

你好棒！把注意项都标记出来了，帮大家省了很多时间！

哈哈，举手之劳！

成长需求：

荣誉激励
尊重激励
职业生涯激励

动机型需求
价值体现、自我实现
责任、尊重、成就
高薪、成长
能力匹配 ·
保健型需求
工作环境、公司制度、基础工资

学会建立心理契约

了解你的团队成员想要什么
告诉他你能够给他带来什么，并且兑现它

让团队成员清楚你对他的期望是什么
清晰地告诉你对他的期待

用好IDP工具，先"画饼"，再"烙饼"

第一步：认识自己

第二步：认识环境

第三步：明确目标

第四步：完善发展计划

第五步：支持和评估

第六步：上下级沟通

第七步：回顾与调整

淘汰也是激发的一部分

1. 淘汰"严出"三原则
   合情 | 合理 | 合法

2. 淘汰的成本
   低效 | 氛围 | 雇主品牌

3. 淘汰的误区

4. 淘汰的意义

5. 淘汰的注意事项
   忌突袭 | 忌含糊 | 忌拖延 | 忌猜疑

6. 淘汰的流程
   同步上级 / HR → 面谈 → 离职流程

7. 淘汰面谈的关键

8. 淘汰面谈的步骤
   面谈前准备
   面谈前奏
   描述事实
   注意倾听
   沟通确认
   面谈收尾

"激发力" 行动卡片

激发力盘点

整理一下，当下团队有哪些可以激发人的政策？

分析哪些是保健因素，哪些是动机因素，以及两类因素的执行情况。

建立心理契约

和下属进行持续沟通，了解他们想要什么，并考虑你能给予什么，尽可能地去承诺并实现！

说出你对他们的期望。

赞美员工

试着赞美团队成员，记得用真诚的态度和科学的赞美方式。

IDP 个人发展规划

做自己的个人发展规划。

让下属做他的个人发展规划，并和他讨论，看看有哪些是你能帮他的。

07 变革力

看见+行动+坚持

变革力

改变，从"我"开始

换个思路，换个活法～

换种思维模式，成为更好的自己

遇到困难时，不同人会有不同应对方式：

有人迎难而上，有人退避三舍；有人独自面对，有人整合资源；有人把问题复杂化，有人把问题简单化；有人想要换个环境，有人想要改变自己。每个人都用着自己最"熟悉"方式解决问题。

"迎难而上"的人会持续地迎难而上，"退避三舍"的人也会习惯于退避三舍。是什么决定了一个人的行动方式呢？是思维！

心理学家卡罗尔·德韦克的《终身成长》以及陈海贤老师的《了不起的我》中都对思维模式进行了分类，陈海贤老师将思维方式总结为四类："自我型"思维、"应该型"思维、"成长型"思维、"排难型"思维。这四类思维模式一定程度上决定了"我是谁""我将走向哪里""我将飞多高、走多远"。

选择做职业经理人，身上自然会背负着自我突破与影响他人的使命。无论是自我突破，还是影响他人，这个过程都不容易，会遇到很多心态包袱，比如害怕失败、不敢面对、在意他人评价。其实，仔细想来，这些包袱的背后，大多是思维模式在作祟，比较典型的是"自我型"思维和"应该型"思维。

"自我型"思维和"应该型"思维一定程度限制了内在改变的动力和张力，而自我成长的前提是思维模式的突破。

当我们一旦开启不同思维模式的大门，改变并没有想象的那么难了，典型正向的思维模式包含成长型思维和排难型思维。带着这样的思维模式去工作与生活，我们会更容易创造和突破，这也会帮我们成为更好的自己。

第一类："自我型"

典型特质：

永远在证明自己更成功，更聪明，更独特……

他们自尊心强又极其敏感，很难听进外界对自己的负面评价，也很难做出改变。

第二类："应该型"

典型特质：

社会运行法则需要按照他的认知进行

他们的脑海中，经常会浮现："我应该……他应该……"如果运行法则和他想的不一样，他会充满负面情绪。这类人会抗拒一切他认为"不合常规"的改变。

第三类："成长型"

典型特质：

认为人生是持续成长与改变的过程

他们持续有想要提升的动力，不喜欢一成不变、拖拖拉拉，习惯以目标来思考现实。

第四类："排难型"

典型特质：

尽最大可能去预判并控制变量

遇事时，他们会畅想好的结果，但也会充分思考可能的障碍并去摆平它，努力控制自己能掌控的部分，不留遗憾。

我们都是被感性控制的芸芸众生……

身在职场，当我们愿意成为具有成长型思维和排难型思维的人时，我们已经走出了自我突破的第一步。我们告诉自己要理性认知，要自控，要自我驱动，却发现这很难做到。几乎每个职场人都经历过思想上左右互搏的时刻：左边是想要卷起来的自己，右边是想要摆烂的自己。

因此，这样的一幕反复上演：

第一天：
发誓要做出改变
制定了满满的计划，一项项高效率地完成了。

第二天：
觉得有点累
没有完成当天的任务，有些沮丧。

第三天：
开始拖延
很多任务都没有完成……

第四天：
开始思考做这些有什么意义
——难道生活就是不断完成任务的过程吗？
开始摆烂……

左边理性

坚定强大

明天再变~

我要变强！

右边感性

多愁善感
喜欢享受
缺乏动力

周而复始，我们进入"改变—行动—放弃—回归—再改变"的怪圈。在这个过程中，理性和感性一直在拉扯自己，这个过程就是"改变困局"。每当"理性"想让我们变得更好时，"感性"就会像一个隐形的绳子将我们拉住，让我们产生消极情绪。

为改变创造好的体验，让正向情绪引导改变

主人公：小王
坐 标：北京

案例：让正向情绪引导自己改变

产品经理小王是一名高强度工作者，工作压力与生活压力让小王喘不过气。每天起来睁开眼，小王就开始无休止地"填坑"与"救火"。对于在异乡工作的小王，每天最幸福的事就是吃一份特选甜品，这也是小王处理压力的方式……

小王说："吃下那一口甜品，我的一天才真正开始。我吃的不是甜品，而是放松、愉悦和生活的片刻美好。"

久而久之，小王的健康情况不容乐观，她想要改变，却控制不住自己，因为她需要的不仅是美食本身，更是一种"拥有片刻美好生活的感受"。

理性的小王反复告诉自己不要再吃了，要保持身体健康和好的身材，试图用道理和逻辑让自己产生改变。但这基本没有用，每到下班时分，理性的自己依然会被感性的自己打败，默默地打开甜品小盒……

进入改变困局的我们，需要知道三件事：

第一，大部分情况下"理性"是拗不过"感性"的；

第二，推动改变的永远不是"对错"与"道理"，而是"情绪"与"感受"；

第三，如果想要改变，就要为自己创造"好"的情绪和感受。

问题是："摆烂"在当下就能够带给我们情绪与感受上的快感，而自律、坚持学习带来的好处，我们在当下体会不到，进而自我改变的驱动力不高。因此，面对这种情况，最好的办法不是对自己严厉，而是找到一种新的行为去代替"吃甜品"，也就是一种能让生活丰富多彩起来、给自己带来愉悦感的行为，用新的感受引导自己的改变。比如，约朋友看电影、参加读书会、打场羽毛球，用新行为代替旧行为，而不是一直揪着旧行为不放。

在改变这件事情上，我们要做的不是对自己太严厉，而是要给自己创造新的愉悦感。我们甚至可以让旧行为和新行为同时并存一段时间，感受新行为带来的好处，再逐步减少旧行为。总之，在改变这件事上，如果没有新行为，改变很难发生。如果你想成为更好的自己，就要为自己创造一种情绪与感受上的新体验，这种体验越强烈、越丰富、越持久，你越容易变得更好。

改变的本质——通过正向情绪引导改变

步骤	1. 学会拒绝	2. 减少工作酒局
想要改变的旧行为 以及我们希望达成的行为目标	不会拒绝别人，很难张口说"不"	与客户喝酒，加强客情关系
为什么做不到 旧行为的好处	害怕被孤立，"不拒绝" 更容易被大家接受和喜欢	这是与客户加强黏性的重要途径
创造新行为 哪些新行为可以带来同样的好处	周一、周三、周五保持不变 周二、周四开始适当拒绝别人	尝试约客户一起喝茶、运动 或参与一些其他活动代替喝酒
我对新行为的正面感受	大家并没有因为我的拒绝而排斥我 反而更加关注我的想法	工作酒局减少了 工作黏性反而更强了

创造新行为沙盘

请选择您最近想要改变的行为，并逐步完成新行为沙盘

步骤	动作
想要改变的旧行为 以及我们希望达成的行为目标	
为什么做不到 旧行为的好处	
创造新行为 哪些新行为可以带来同样的好处	
我对新行为的正面感受	

如何让"改变"更容易坚持

第一，专注行动，行动大于结果

启动改变之初，我们全身心期待结果，最终反而难以实现改变。改变的关键是专注当下的行动，要知道，能否达成结果，不是我们能够控制的。越关注结果，心理压力会越重，越容易精疲力竭，进而越容易放弃。我们不需要承诺自己永远不醉，只需要做到今天不喝酒，而明天又是新的一天。

> 努力控制你所能控制的事情，并接纳你不能控制的事情。
>
> ——[古希腊]斯多葛学派

第二，创造"氛围"，让变化可持续

在一个人人都冥想的环境中，我们也会自然开始冥想，甚至不加入进来都不好意思，这就是场域的力量。人是一种社会动物，别人都在埋头工作，自己自然也会努力工作。感性的人类对"环境"很敏感，场域越强大，感性的自己就越容易"就范"。

给自己创造一个浓厚的氛围场，对改变来说至关重要。如果想要启动学习计划，就多和爱学习的人在一起；如果想要启动健身计划，就远离小吃街，多去健身房。当然，每次健身都去健身房也不现实，所以我们需要学会在身边建立氛围场，比如在家的物理空间中建立读书场所、运动场所、工作场所，并强化物理空间的场域属性。多给自己寻找创造型快乐的场域，减少享受型快乐的场域，你会发现场域对改变的作用"润物细无声"。

第三，关爱自己，才有可能持续改变

你是否经历过因为无法改变而陷入内疚与自责？但遗憾的是，愧疚与自责不能帮助你更好地改变，感性的自己反而对"爱和鼓励"更敏感，会因"我能变得更好"而不是"我怎么如此之差"产生冲动。"我能变得更好"是为了满足自己对自己的要求，"我怎么如此之差"是为了满足他人对自己的期待。

当然，我们有时会自然地期待环境改变，而非自我改变，这让我们停留在心理舒适区，拿环境的"不公"当作不改变的借口，最后一切毫无起色。只有追求内在改变，才是真正的改变。所以，请带着对自己的爱与期待，而不是愧疚与自责，来改变自己。感性的自己听不懂道理，但能感受到爱。只有爱，才会让自己心甘情愿地开始变化。

专注行动
行动大于结果

创造"氛围"
让变化可持续

关爱自己
持续改变

关注我们，获取本页PDF；扫描小程序，试试更系统的测评 →

测试——我是一个"善变"的人吗

做做这个小测试，看看自己拥抱变化的能力。

超级团队　　　　　职场测评

本测评主要针对管理人员。请根据下列描述为自己评分，其中1～5分分别代表"完全不符合""比较不符合""一般""比较符合""完全符合"。

	1	2	3	4	5
我认为努力比聪明更重要。	☐	☐	☐	☐	☐
我不擅长做的事情，如果肯学习、练习，我应该也可以做好。	☐	☐	☐	☐	☐
我觉得失败并不可怕，失败了就失败了，从头再来就好。	☐	☐	☐	☐	☐
面对批评，我的态度是"有则改之，无则加勉"，我不怕被人觉得不行。	☐	☐	☐	☐	☐
我觉得人生就是不断尝试，所以我没有太多顾虑，喜欢去尝试新事物。	☐	☐	☐	☐	☐
定下目标了，我就会去做，我主要思考怎么做成，而不是失败了怎么办。	☐	☐	☐	☐	☐
在开始任务时，我总会设想自己成功完成任务后的场景。	☐	☐	☐	☐	☐
如果有改变需要，我会尽量创造一个好的准备环境（如专注环境）。	☐	☐	☐	☐	☐

得分

/40

自测解读

测评分数如果小于23分，则需要注意自己应对变革的能力。

测评问题本身就是很好的练习材料，希望你的变革能力会有所提升。

职业成长与自我变革同行

"自我变革"是职业经理人的使命

为什么职业经理人需要持续自我突破与成长？

1 **曾经的优势不再是优势**

只要企业在持续发展，过往的经验、光环就有可能会失效，职业经理人需要持续将心态归零，每个阶段都要重新审视，重新开始。

2 **不正视将要面临的新挑战**

职业经理人会存在对企业的、对挑战、对环境变化的认知不足，想用老办法、老方式、老习惯解决新问题。但实际上，多变的情景下，职业经理人面临的问题难度要比预期的大。

3 **"看不见"自身的弱点**

因为认知局限，职业经理人经常"看不见"自身的问题及弱点，对自己的一套方式非常自信，但却忽略了公司的真实需求。

4 **不承认自己走入过误区**

有的职业经理人在解决问题时会走弯路、犯小错误，但很难接受自己的问题，急于掩饰自己走入过误区，反而会导致最后的管理难以落地。

职业成长与自我变革同行

从进入职场的那一天起，无论你想要与否，职场都扣动了你的成长扳机，你会持续面对新的阶段与挑战。放眼整个职业生涯，你可能会经历四个阶段，这也将会是你要面临的最重要的四次自我突破与成长机会：

1 第一次转型期：
做好自己，拿到结果

校园到职场最大的变化是：会有越来越多人向我们要结果，比如我们的上级、上下游部门。同时，会有越来越少的人站在我们身后撑腰。这时"理由"和"借口"显得苍白，"使命必达"成了生存法则。因此，"执行力"（详见第一章）的提升对我们来说格外重要，它是职场生存的基础，是建立信任的砝码。"做好自己"阶段，还有一个非常重要的能力是复盘力（详见第三章），职场人在此阶段要学会复盘，在复盘中总结与反思，持续精进，进而走得更快、更远。复盘力是伴随职场人一生的核心能力。

执行力　　复盘力

2 第二次转型期：
影响他人，拿到结果

精进自己，你需要扎实练好执行力和复盘力。但是，一旦你成为一名管理者，如何更好地影响他人，就成了你的必修课。

在这一过程中，你要影响的人可能是你的下属、你的同级，甚至你的上级。怎么办？你必须依靠大量沟通来达成目的。是的，进入此阶段，"说话"不再是务虚的工作，也不是简单的信息传递，而是要产生影响。你要学会真正的倾听，还要学会呈现自己的观点，并且"声"入人心。

沟通力

3 **第三次转型期：**
通过管理管理人员拿结果

　　随着你的职场层级越来越高，你会看到，那些卓越的管理者，多是用人高手。就像萧何，他会发现"韩信"，并把"韩信们"放到合适的位置，培养他们，锻炼他们，保护他们成长，激励他们推动组织前进。

识人选人　**用人育人**　**激发力**

4 **第四次转型期：**
通过管理整个业务线拿到结果

　　在此阶段，我们会管理多条业务线，对公司整体业务经营结果负责。此时，我们更需要的是软实力，也就是我们本章提到的变革力。无论是领导者的自我变革还是推动团队变革都是让业务和组织可持续发展的灵魂要素。

变革力

每次转型，都是一次寻找"新的自己"的过程

每次经历转型的过程，对于职场人来说，都是一次破茧成蝶。你将会面临不一样的目标、不一样的工作挑战、不一样的关系网，甚至前一个阶段的优势会变成下一个阶段的掣肘。在这个过程中，迷茫、不甘、不知所措会伴随着你。

据调研，处于职场转型期的人，更容易出现：

1.焦虑、敏感

2.想要回到过去的工作方式，总拿现在跟过去做比较

3.想尽快结束这种迷茫，达到一个新状态

4.敏感、害怕被评价

职场中的升职加薪，看似是事业平台的突破，实际上它更是一种自我的突破，包括别人怎么看待我，我怎么看待自己，我怎么看待环境，我们如何产生新的行为、新的思考和新的未来。转型过程中，遇到的迷茫、痛苦、重构、蜕变才是转型的真正意义。

顺利度过职场转型期

通常，每次职场转型期大约会在半年到一年之间，在这期间，我们需要突破自己，打开局面，建立信任。职业转型期对我们非常重要，在这期间，我们进入**新的环境、挖掘新的需求、建立新的目标、产生新的价值，最终找到新的自己。**

但现实中，这个过程是在反复中完成：

1. **了解新环境、新目标，同时伴随了解自己，但通常此时对自己的了解是不够深刻的；**

2. **制定一个符合自己的职业转型计划；**

3. **反复试错、纠结与调整，在理性和感性中徘徊；**

4. **最终迈出心理舒适区，专注新的行动；**

5. **开始看到自己小小的改变，获得正向感受；**

6. **"旧的自己"和"新的自己"不断此消彼长，在焦虑和欣喜中完成转型。**

最后，职业转型绝不是找一个能赚更多钱、有更大职业发展的工作那么简单。每一个职业背后，都有一个自我。职业的转变过程，就是自我推陈出新的过程。有些人能够通过持续的职业转变去找到更真实、更完美的自己，实际上，这个"自我"，也是在寻找和选择的过程中逐渐形成的。

那么，如何顺利完成职场的角色转身？下一节将详细介绍。

八步实现职场角色转身

来自华为的干部培养体系，影响价值不是一般的大

第一步：

从"头"开始。

职业转型过程中，思想意识转型先行。在这个阶段，空杯心态很关键，把新挑战当做一次新的开始，用开放、学习的心态去工作。

职业经理人需要持续调整心态，认知自我，首先需深刻认识到：

1. 升职后，我们将进入一个新角色，遇到新情况、新挑战、新需求、新目标；

2. 我们需要根据新角色，重新规划我们的时间与精力分配；

3. 我们需要根据新角色，重新认识自己的优劣项，并考虑如何扬长避短；

4. 我们需要根据新角色，优化我们的关系网络，获取更多的资源与帮助。

☐ **思想上的转身**

一切从"头"开始，了解自己将要挑战的新角色，根据新角色的需求，从思想认识上开始产生变化。

☐ **精力分配上的转身**

按照新角色的需求管理自己的时间与精力。

☐ **技能上的转身**

按照新角色的画像，审视自己的强弱项：强项是否恒强，弱项是否恒弱。

☐ **重新建立工作中的人际网络**

按照新角色的处境，建立或优化自己的关系网络

获取能够帮助自己成功的资源。

第二步：
构建自己的信息渠道

　　做任何事情，获取信息源都非常重要，否则很难了解问题的真相。建立有效的信息渠道一定是职场人必不可少的工作环节，你获取信息的渠道可以来自上级、公司管理人员、公司骨干，后台人员，也可以来自客户、供应商、合作者……

　　每到一个新的阶段，我们都需要主动去链接更多信息渠道，形成属于我们的信息网络，这样才能梳理出关于新岗位的需求。找到信息源并不难，难的在对方为什么要把信息给你，因此获取信息源的过程也是建立同盟的过程，这需要时间、精力的投入，也需要信任货币的兑付。

信息来源1：_____

关于 _____ 的信息

第三步：
判断团队局面

通常我们在接手或进入新团队时，会遇到四种团队的"局"：

创新开拓局

此时的挑战是：**搭架构，整合人、财、物，应对资源的局限性。**
我们的优势是：可以重新开始，没有固化思维的束缚，一切皆有可能。

扭转乾坤局

你负责将陷入困境的团队拉回正轨。
你面对的是士气低落的团队，你需要在紧迫的时间内产生快速、决定性的影响，或许还需要精简机构及优化人员。

正常接班局

你负责使成功过但目前面临挑战的组织重生。
你面对根深蒂固的文化氛围，员工认识不到改变的必要性，你需要重组高层团队，并调整组织目标，改变资源配置。

持续成功局

接手一个刚成功完成项目的团队，是个很大的挑战，因为我们会生活在上一届优秀领导人的阴影里，我们需要做的是避免问题的同时，寻求更上一层楼的突破口。

新业务

写下你面临的局面，例如：
建立团队架构
打造团队凝聚力
利用有限资源办事情

扭转劣势

写下你面临的局面，例如：
快速打胜仗
扭转团队士气

正常接班

写下你面临的局面，例如：
需要总结团队优劣势
共识团队目标

持续成功

写下你面临的局面，例如：
建立个人威信
做好风险控制

提醒：遇到不同的业务局面，需要的应对策略是不一样的。这几个局面一定是动态循环的，不会在某个局面持续很久，职业经理人要灵活应对。

第四步：
与新上级建立高效的工作关系

规划与新上级的深度沟通，包括：

1.了解团队情况，了解当下面临的瓶颈与痛点。 与上级对业务所面临的挑战与机遇达成一致，将共识转化为后期工作主线。

2.澄清上级对自己的期待，将期待转化为长期、中期、短期工作目标，并持续与上级进行校准。

3.探讨与上级的沟通方式，找到双方都适应的沟通频率、沟通方法甚至沟通默契。

4.沟通你所需要的支持，联动支持与产出，从对方视野和需求出发，谈资源获取。

5.把上级当作导师，虚心请教自身不足，获取职业成长所需的硬技能和软实力。

❌ 在与上级的沟通中，一定要注意沟通频次，**不要远离上级，不要指望上级主动给我们支持和资源。所有事情的发展都是动态的，今天与上级想法一致不代表明天与上级的认知也是相同的。**

❌ 与上级沟通尽量**避免只说问题**，不说解决方案及结果，提供备选解决方案是沟通的前提。

❌ **不要给上级带来"惊喜"**，尽量随时与上级同步我们做的事情。

❌ **不要贬低自己的同事或者前任上级。**

❌ 最后也是最关键的一点，**不要试图改变上级，而是要尊重上级的工作习惯与思维方式，做上级的补位者，而非评价官。**

规划与新上级的五次谈话

1.业务形式判断
2.期望与目标
3.探讨沟通方式
4.探讨资源支持
5.探讨个人提升

第五步：
作为上级，帮助员工

1.将我们与上级建立高效工作关系的方式转移到我们与下属之间；

2.持续对团队成员进行系统评估，包括个性特质、专业性、投入度、协作性等；

3.转型期内决定好团队架构：谁走、谁留、谁是重点、谁来补位；

4.带领团队重新出发。

为了实现业务目标，我们需要依托前任团队，也需要重塑前任团队。

如果想替代当下换不掉的人，要快速布局后备人选，双线过渡，再做挑战，换人动作决策不宜快，行动不宜慢。

在组队前，反复澄清战略、策略、团队结构，以防我们在用人画像上反复，浪费人力资源，错过机会，失去人心。

当重组团队时，征询上级及人力专家的意见。

成员A

a)个性特质：

b)专业性：

c)投入度：

d)协作性：

第六步:
建立可持续的良性伙伴关系

1.列出可能性资源，包括:

支持我们的人

利益与我们一致的人

拥有我们所需资源的人

拥有重要关系的人

2.选出更有可能形成伙伴同盟的人选

3.制定伙伴共享成功计划

4.获得同盟

支持者   利益一致者

资源所有者   重要关系节点

第七步：

聚焦重点，确定首要任务

首要任务的确定需要符合一些原则：

1. 首要任务一定是公司关注的事；

2. 首要任务不能太宽泛（如优化团队文化），也不能太具体（如招聘5 名工程师）

3. 首要任务的确定会反复，要做好思想准备，保持灵活性；

4. 完成首要任务能够帮助我们建立信任，让团队感受到事态产生了实质 向好的变化。

完成首要任务，我们能在新的团队内站稳脚跟，赢得威望，打开局面。

在攻克首要任务的过程中，我们也同样是在向新 的团队成员释放信号，具体包括：

我是谁？

我的主张是什么？

我的方式是？

我的目标是什么？

我的价值？

1.列出你的五个首要任务及对应目标

（未来1年的全局目标）

首要任务	目标衡量

2.时刻检查你的首要任务

不断细化执行目标

是否考虑了策略、人力、组织结构和文化的变化

是否获得了标志性成绩

第八步:

完成速赢，获取信任

当你在团队明确长期目标，并建立了首要任务后，你需要规划完成速赢，获取更多的信任及支持。

规划速赢的任务不一定是非常大的事，但对公司来说，一定要是重要的事；对团队来说，一定要是能够帮助团队建立新行为、新标准的事；对你个人来说，一定要是能帮你扬长避短的事。

完成首赢的任务过程，一定要建立你的影响力及团队对你的信任上。你需要明白，面对首赢任务，你不能只做军师，还需要率先垂范，再带领团队攻下堡垒。因此，你需要做到既能……又（不）能……

有要求	是	否	过于苛刻
平易近人	是	否	随便
果断	是	否	犹豫
积极	是	否	避免混乱

「制约速赢」的问题

无法适应公司/上级对"速赢"的定义；

发力过散，无法聚焦；

为了结果，忽略过程；

忽略新变化、新问题、新风险。

「完成速赢」的四个关键点

理解公司怎样定义成功，关注总经理/上级关心的领域；

识别最核心的问题点，聚焦解决；

带领团队，以身作则，履行所需义务；

预判风险，建立可持续动能。

职场角色转身

 第一步：
一切从"头"开始

 第二步：
构建自己的信息渠道

 第三步：
判断团队局面

 第四步：
与新上级建立高效的工作关系

 第五步：
作为上级，帮助员工

 第六步：
建立可持续的良性伙伴关系

 第七步：
聚焦重点，确定首要任务

 第八步：
完成速赢，取得信任

职场经理人的变革困境

为什么职业经理人很难推动企业变革?

推动变革不是快干、蛮干、硬干，而是策略战、持久战！

　　过往有很多企业家通过邀约外部职业经理人推动企业变革的案例，不论最终结果成功或失败，在前期或多或少都有迹可循。

　　职业经理人在拿到尚方宝剑后，会存在急于求成、想要大干一场证明自己的情况，甚至刚刚入职就开始点火。但是，一位外来的职业经理人起码需半年的熟悉期和融合期，才好有些深入的动作，发挥自己所长。

　　当然，变革的节奏一定要与老板对齐思路，这样大家都会从容些。企业永远存在亟待解决的问题，但冰冻三尺，非一日之寒。职业经理人想要发挥作用，急不得一时，一定要有策略、有路线、有团队信任基础。

　　在这个过程中，你需要建立团队变革节奏，避开推动变革可能会遇到的坑。

职业经理人推动企业变革，一定要避坑：

❌　1.开始没校准或者对期望与目标没达成共识，最终难以获得认同；

❌　2.大把时间做具体工作，不重视关系网和信息网的建立；

❌　3.贸然多面出击，启动全面变革；

❌　4.放弃倾听，远离一线炮火，疏远支持者；

❌　5.环境变了，局面变了，自己仍吃老本，用老套路作业；

❌　6.过度包容负面情绪，透支团队信任度，透支自身精力，影响团队风气及士气。

推动组织的成长与变革
让团队:

看见

行动

坚持

如何推动组织进行内部变革，是企业谋求生存发展绕不开的一道坎，是必须去解，但同时非常难解的一道题。顶级的职场人不但要有突破自我的境界，还要有推动团队变化的能力。

一个高效运转的企业要做多少件事情？以某生产型企业为例，盘点下来有大大小小**百余件事，需要变的地方很多，能够变的却很少，能成功变革的地方更是少之又少。那么推动组织的变革，要从哪里入手呢？**生产型企业高效运转涉及的126件事情（见下表）。

战略规划　　年度经营计划　　产品战略　　业绩评价						
市场				销售		
市场调研/竞对分析/渠道扩展						
市场策略　　渠道评估　　线下推广 线上推广　　网络询盘　　信息分流 品牌建设　　价值呈现　　文案策划			技术推广	销售策略　　销售计划管理　　销售过程监督　　有效复盘 信息获取　　客户洞察与沟通　　价值呈现及商务合同　　发货回款 客户信息管理　　销售数据支持　　最佳销售行为标准		售后管理/二次销售
研发	技术			采购	生产	工程/售后
研发规划　　流程标准 市场调研　　研发立项 项目计划　　项目实施 过程管理　　项目总结 研发数据库　知识产权	技术路线　　体系标准 售前支持　　商务交流 售中支持　　工程售后 专项公关　　技术档案			采购策略　　流程标准 供应商开发与管理 采购计划　　采购实施 成本管理　　质量管理 合同管理　　异常处理	体系建设　　流程标准 生产计划　　产能管理 进度管理　　质量管理 成本管理　　设备管理 现场管理　　库存管理 技术改进　　生产统计	体系建设　　流程标准 项目立项　　项目启动 项目设计　　设备加工 设备调试　　设备发货 现场管理　　项目验收 项目培训　　项目归档 项目总结　　项目预算
项目计划/外协管理/实验测试/新品开发						
质量	质量体系　　质量标准　　设备质量　　供应商质量　　产程质量　　产品质量　　售后反馈　　分析改进					
行政	项目申报　　人才申报　　资质证照　　知识产权　　体系管理　　会议管理　　外联管理　　外联管理　　信息技术　　法务内控					
财务	财务战略　　制度流程　　年度预/决算　　财务核算　　财务分析　　资金管理　　资产管理　　成本控制　　应收应付　　财务信息化　　税筹管理　　财务档案					
人力	人力资源规划管理　　组织发展　　人才梯队　　开发与培训　　招聘管理　　薪酬管理　　绩效管理　　员工关系管理　　企业文化					

为了推动变革，做好这百余件事，我们会听到很多声音：

我们需要更合理的组织架构

我们需要更高效的流程制度

我们需要更清晰的岗位职责

我们需要更先进的激励机制

实际上，我们需要看到：组织的改变，本质上是来自个人的改变。

组织架构变了……

流程制度变了……

岗位职责变了……

企业里的个体就会改变吗？

企业里的个体不改变

企业怎么改变呢？

变革始于个体，组织需要变革推动者和变革方略

我们常听企业管理者说："在我们企业里解决这些问题太难了，企业不发生变化，我很难去解决这些问题，落地这些事情。"

这些管理人员背后的逻辑是什么？是"企业变了，我才能改变"。变革学中最大的谬论就是：大家都等待别人变化，等待企业变化，自己才能有改变。如果所有的人都这么想，这个企业就永远不可能改变。

只有个体先改变，企业才可能改变；只有个体意识改变，个体的行动才会有改变。这里的个体，指的是企业里的每一个人，尤其是企业家本人。

而作为变革推动者，既要自我变革，还要影响他人。做过企业、带过团队、经营婚姻家庭、带过小孩的人都知道，改变他人很难。很多人不愿意去影响别人、改变别人，追求顺其自然，这没有错。但是我们不能否认，时代在进步，企业想要长久发展，必须有人愿意推动变革，不但有意愿，还要有策略、有方法、有工具。

变革的核心是要建立一种新的秩序。纵观历朝历代，建立一种新的秩序，难点都是要理顺旧秩序的获利者。这种大背景下，就要求变革的主导人具备持续面对各种质疑、坚定不移走下去的决心。变革之路如何去走？做实验有方法论，去谈单有方法论，管理项目有方法论，变革也一样有方法论。

有人会认为：变革就是想到了就去做。很多人没意识到**变革是需要方略、需要策略的**，甚至等到变革开始了，都没有想明白。这注定会导致变革的失败。

就像个人改变一样，推动组织改变也分三步：

看见
看见变的需要
解决看不见的卡点——认知缺陷
明确看见的核心——28原则

行动
明确不动的原因——不会、不愿
让个体动起来——目标、方法
围绕人的需求做奖励

坚持
理解不能坚持的原因
允许犯错

第一步：
思维意识的改变

很多企业没有成功地推动成员产生变化，很重要的一个原因就是：企业内部的人在意识上没有看见变革的必要性。这是一件非常要命的事情，如果看不到变革的必要性，后面用什么样的方法、什么样的激励，都无效！

企业内部推动变革，最容易出现的问题就是"看不见"。我们可以思考一个话题：你的企业里有多少人能够看到变革的需要？人性的弱点就是不愿意花时间看到更好的标杆、探索未知的领域、做自己不熟悉的事情。

我们可以把看见变革分成四个层次：

最基础的层次就是整个企业没有人能看到变革的需要。这是有普遍性的，不是危言耸听，有很多的企业还没能跳出自身、跳出区域，真正从发展的角度、时代的角度、市场的角度看到自己需要变化。老板没有看到变的必要性，很大一部分原因是这一段时间钱太好赚了、日子太好过了、坐时代电梯了。

第二层次是只有是老板看到变革的需要，但是管理人员没有看到。企业想进行系统性改革，但管理人员没有支撑到位，没有意识，所以尾大不掉，推不动变革。

第三个层次是核心骨干都能看到变革的需要。这就非常好了，当这些核心团队能够意识到变革的作用，基本上能够带动企业向更高的变革层次前进，即看见变革的第四个层次：全员看见。

如何让团队看见变革的必要？需要坚定地告诉团队：

不变，会带来哪些危机，可能要承受哪些后果；改变后，可能看见的收益和新方式，看见世界有多大，看见更好的自己……总之，看不到变革的必要性，就没有办法推动变革。变革推动者需要在复盘会、周会反复宣贯，在内训、外训中反复提到，说到团队成员耳朵都起茧了，团队成员才可能意识到变革的重要性。

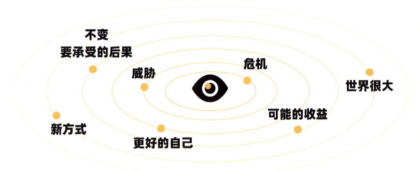

看见变的需要

要让团队成员看到变的必要，需要注意什么？——28法则。

很多人没办法做到变化，是因为让他看到需要变化的地方太多，过于复杂。变革推动者需要做的是在变化的内容中找到最重要的20%，然后清晰地列出来告诉团队，先让20%的团队成员看见并理解，然后再用20%的人带动80%的人、20%的事情变化带动80%的事情变化。这样的变化会最有成效，最容易带来效果。

看见

最重要的20%

威胁

危机

改变的需要

更大 可能

躺平的后果

层次四

全员

看到变革的需要

层次三

管理人员

看到变革的需要

**20%的
团队成员**

层次二

仅有老板

看到变革的需要

层次一

整个企业

都没看到变革的需要

新方式

更好的自己

可能的收益

第二步：
启动行动

第一步，改变了意识，第二步，就是行动。

大部分人能理解，看不到变化的需要，就没有办法产生新的行为和新的行动。

但很多人不理解，既然看到了变化的需要，为什么还有人没有产生行动？这通常由两方面原因构成：

第一，看到了改变的需要，但不知道要变成什么样，或者是该如何变；

第二，看到了改变的需要，看到过去是错误的，也知道未来应该怎么做、做成什么样，但仍未行动，也就是按兵不动；

因此，为了推动看到变革需要的人产生行动，企业内部需要做三步：

第一，给出明确的变革目标。这个目标要采用上文提到的28法则，选出20%需要改变的事情来启动行动，同时需要公司20%有影响力的人来推动变革；

第二，给出路径和工具。提前拟定变革详案、路径及时间线，为那些想变却不知道怎么变的人铺路；

第三，对于知道要变成什么样但始终没有行动的人，公司要给愿意改变的人**及时的奖励**，包括物质激励和精神激励。因为作为人类，我们是复杂的，我们有很多其他的精神需要：

比如下一次做比上一次做得更好的需要；

比如比他人做的更好的需要；

比如获得喜欢与认可的需要；

比如成为重要组织一部分的需要；

比如面对问题找到答案的需要；

比如感觉自己在变化、成长的需要；

比如感觉自己有竞争力的需要；

比如感觉自己可以影响别人的需要……

及时奖励，指的是及时用各种方式去满足一个人的需要。我们要告诉我们的团队、我们的管理人员：有很多种方法可以激发他人，而你以前只选了其中一种。

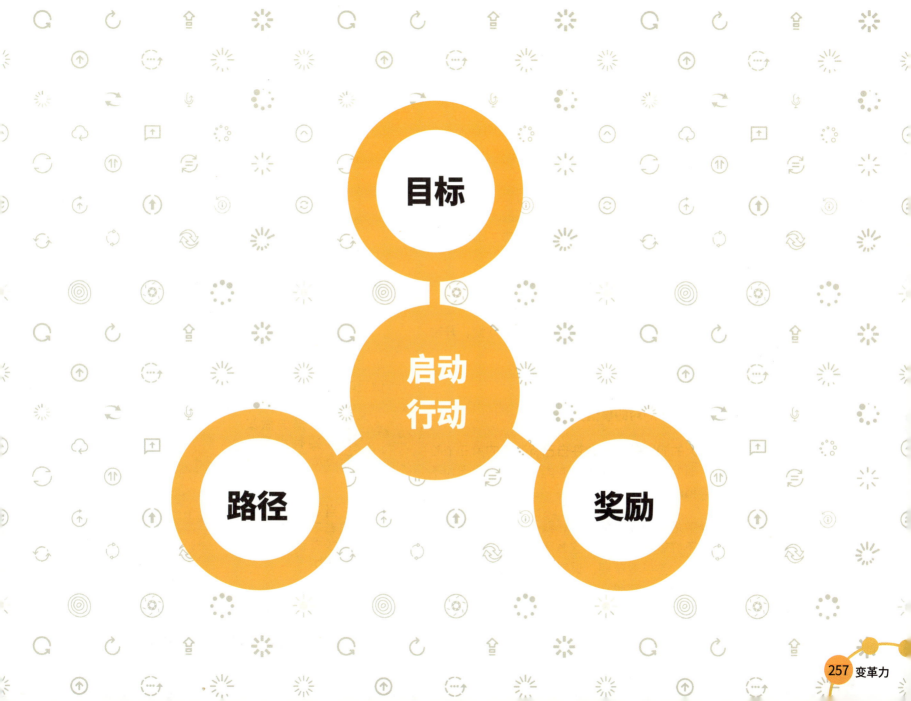

目标

启动
行动

路径

奖励

第三步：坚持

变革的第三步是坚持，并且拿到结果。

个体动起来了，但不坚持，也不一定会拿到结果。不要认为所有的人都有极大的韧性、耐心和毅力，这是不现实的。

通常，有行动但没能坚持下来的人，都是企业里所谓的"聪明人"。这种是打引号的聪明人，他的聪明体现在不允许自己做错的事情。

但一个人的变化是有路径的，分为四个阶段：

第一个阶段是做自以为对的事情；

第二个阶段是发现自己正在做错误的事情，所以看见改变，开始改变；

第三个阶段是错误地做新的、对的事情；

第四个阶段才是正确地做新的对的事情。

而所谓的聪明人，最大的问题就是不允许自己有改变的第三个阶段，即"错误地做新的、对的事情"，多少企业内的变革，是因为不接受这个阶段，最后被停掉的。

试问，学会了走，要学跑，刚开始跑得不好就不跑了吗？学会了跑，要学骑车，刚开始骑不好就不骑了吗？这么简单朴素的道理，在企业里却有太多这样的案例：不给变革期、试错期。往往越是有过成功经验的人，越不愿意接纳第三个阶段，因为他们觉得这只会显得自己有些笨拙。因此，如果想产生行动，心里一定要接受所有创新、所有变革都有试错这个过程。

我们必须面对一个现实，就是所有的变化都会有这个阶段，不接受这个阶段就等于不接受变化。没有谁天生就适应新的变化，能一步做到位。

把变革的三步（看见—行动—坚持）做好，企业总能看到一些变化。在这个过程中，除了老板，核心高管的角色也很重要。因此，核心高管必须要有变革力。

如果老板和高管自身不具有变革意识和变革力，那将会成为企业变革的最大阻力，因为这些人往往是企业成功经验的实施者，是旧制度的受益者，所以变革的核心20%指的就是高管、核心中层。

高管的变革力，第一是要去识别、具备看见的能力；第二能让不愿行动的、不会行动的人行动，给目标，给方法，做及时奖励；第三是坚持下来。

脑力： 需要做策划，要有步骤、有方法

心力： 需要影响别人的事情都是要耗费心力去做的

魄力： 当遇到了阻碍或者不同的声音，要有面对质疑的魄力

物力： 需要时间/成本/精力的投入

持久力： 坚持才会胜利

变革力钻石模型

关注我们，获取本页PDF；扫描小程序，试试更系统的测评 →

引领变革能力测试

你可以做做这个小测试，看看自己引领变革的能力。

本测评主要针对管理人员。请根据下列描述为自己评分，其中1 ～ 5分分别代表"完全不符合""比较不符合""一般""比较符合""完全符合"。

超级团队   职场测评

	1	2	3	4	5
我能看到改变的需要，并从我的工作开始，从细节处做出改变。	☐	☐	☐	☐	☐
有些问题是公司体制导致的，但是我会找到自己可以改变的，哪怕是改变一点现状。	☐	☐	☐	☐	☐
即使现在顺风顺水，我也会考虑将来可能遇到什么挑战，并考虑要怎么应对或改变。	☐	☐	☐	☐	☐
如果我认为现在做的事情不正确，我会毫不犹豫地改变。	☐	☐	☐	☐	☐
我发起变革遇到质疑和阻力时，仍会坚持自己的判断和行动。	☐	☐	☐	☐	☐
我知道如何给团队明确的变革目标以及相应的路径和工具。	☐	☐	☐	☐	☐
我知道如何用奖励的方式引领变革。	☐	☐	☐	☐	☐

得分

/35

自测解读

如果测评分数小于21分，则需要注意自己引领变革的能力。

📍 职场能力成长地图

变革力

改变从"我"开始

换种思维模式，成为更好的自己

"自我型"　"应该型"　"成长型"　"排难型"

我们都是被感性控制的芸芸众生……

为改变创造好的体验，让正向情绪引导改变

左边理性
坚定强大
明天再变
我要变强！
右边感性
多愁善感
喜欢享受
缺乏动力

如何让"改变"更容易坚持

专注行动	创造"氛围"	关爱自己
行动大于结果	让变化可持续	持续改变

职业成长与自我变革同行

第一次转型期
做好自己，拿到结果

第二次转型期
影响他人，拿到结果

第三次转型期
通过管理管理人员拿结果

第四次转型期
通过管理整个业务线拿到结果

八步实现职场角色转身

 第一步：
思想准备，一切从"头"开始

 第二步：
构建自己的信息渠道

第三步：
判断团队局面

 第四步：
与新上级建立高效的工作关系

 第五步：
作为上级，帮助员工

 第六步：
建立可持续的良性伙伴关系

 第七步：
聚焦重点，确定首要任务

 第八步：
完成速赢，取得信任

推动组织的成长与变革

目标
启动行动
行动
路径
奖励

看见　改变的重要　更大可能
危机　缺乏动机　全员
整个企业　管理人员　20%的团队成员
新方式　可能的收益　更好的自己

脑力　心力
坚持　魄力　物力
持久力

"变革力" 行动卡片

走出舒适区

想想平时觉得习惯的事，是不是对的？如果不确定，想想5年后、10年后，还会是这个样子吗？如果不是，那应该是什么样的？

不要怕失败，开始行动，做你眼中正确的事情。

自我变革

从自身做起，找到部门里需要改变的事情，并开始行动。

设立目标，有步骤、有方法地带大家一起行动，并坚持下去。

引领变革

为组织设立一个小的变革目标。

与组织成员一起讨论如何达到目标，并确定具体的方法路径。

设定好分阶段的奖励，包含物质奖励和精神奖励。

然后去实践吧！

建立可持续的良性伙伴关系

1.列出你的资源；

2.选出有可能形成伙伴同盟的人选；

3.制定伙伴共享成功计划；

4.获得同盟。

后 记

在此书付梓之际，我想特别感谢我的同事、朋友、客户。感谢你们一直以来对我的支持和信任，让我能够不断地成长和进步。

特别感谢老师许国栋先生的启迪，指引我开启更高维度的思考。

特别感谢老师许德生先生的教诲，帮我打下在职场拼搏的基础。

特别感谢超级团队的所有成员，尤其是钟蕊老师，她将我近年服务企业的教案、课稿、案例进行了整理汇总，为本书作出非常重要的贡献。没有她的帮助和支持，这本书也不可能如此顺利地完成。

在此还要特别感谢江苏蓝必盛、上海碧州环保、江苏碧诺环保、泰源环保、通用环保、国合基地、杭州碟滤、沃尔德斯、新首宏集团、小鸟科技、无锡海拓、宜净环保、轻大百特、裕隆特材、和创智云、凌志环保、派尔实验、中岩大地等企业的支持和信任，同时特别感谢宜兴市绿色低碳产业协会的支持。正是因为有你们的开放和信任，我才能够接触到企业发展的真实需求，了解职业经理人的真实状态。

与企业在一起的日子里，我们教学相长，很多工具和方法论都是我们共同创造而生的。企业家精神、职业经理人精神，以及企业内真实发生的一个个故事，都是职场人最好的老师，也是我的老师。感谢有你们，感恩遇见。

也特别感谢为我们提供出版服务的各位编辑老师，他们不厌其烦地为我们提供写作及出版指导。

最后，我要感谢我的家人，感谢他们一直以来对我的支持和理解。没有他们的支持和鼓励，也不会有现在的我。

再次感谢所有支持和信任我的人，愿我们在未来的日子里一起成长，一起前行！

李谦子写于北京

2023.06.06